WOLFGANG BADER

VON DER IDEE ZUM
BESTSELLER

Buch schreiben und verlegen mit System

> Wie Sie mit bewährten Strategien erfolgreicher Autoren Ihre Leser begeistern und einen Verlag für Ihr Buch finden

novum pro

www.novumverlag.com

Bibliografische Information
der Deutschen Nationalbibliothek:

Die Deutsche Nationalbibliothek
verzeichnet diese Publikation in
der Deutschen Nationalbibliografie.
Detaillierte bibliografische Daten
sind im Internet über
http://www.d-nb.de abrufbar.

Alle Rechte der Verbreitung,
auch durch Film, Funk und Fernsehen,
fotomechanische Wiedergabe,
Tonträger, elektronische Datenträger und
auszugsweisen Nachdruck,
sind vorbehalten.

© 2024 novum Verlag

ISBN 978-3-99146-745-8
Lektorat: Bianca Brenner
Umschlagfoto: vladwel | Adobe Stock
Umschlaggestaltung, Layout & Satz:
novum Verlag
Innenabbildung: Sophisticated Pictures

Gedruckt in der Europäischen Union
auf umweltfreundlichem, chlor- und
säurefrei gebleichtem Papier.

www.novumverlag.com

INHALTSVERZEICHNIS

1 VORWORT 9

2 KREATIVITÄT... 13
2.1 Wie Sie das Tagträumen wieder erlernen 15
2.2 Schreibwerkstatt: Workout für Ihre Kreativität 16
    2.2.1 Morgenseiten: Weckruf für die Kreativität 16
    2.2.2 Spielen Sie mit Sprichwörtern 17
    2.2.3 Schauen Sie genau 18
2.3 Autoreninterview mit Nathalie Karré 19
2.4 Praxistipp von Nathalie Karré 25

3 IDEEN 27
3.1 Schreibwerkstatt: Das bringt Sie auf Ideen! 30
    3.1.1 Stellen Sie die richtigen Fragen 30
    3.1.2 Halten Sie Ideen fest 34
    3.1.3 Die besten Plätze zum Ideensammeln 39
    3.1.4 Wenn nichts mehr geht: Brainstorming 42

4 RECHERCHE... 45
4.1 Schreibwerkstatt: So recherchieren Sie richtig 51
    4.1.1 Online 51
    4.1.2 Offline 58
4.2 Exkurs Nonfiction 62
4.3 Autoreninterview mit Stan Wolf 64
4.4 Praxistipp von Stan Wolf 69

5 STIL 71
5.1 So finden Sie Ihren Stil 74
5.2 Mit rhetorischen Mitteln den Stil verbessern 81

5.3 Schreibwerkstatt: Fünf Tipps fürs Schreiben mit Stil 102
   5.3.1 Produktives Lesen 103
   5.3.2 Übersetzungsarbeit 105
   5.3.3 Erfahrungsaustausch 108
   5.3.4 Praktizierter Stilbruch 109
   5.3.5 Lektorat 109
5.4 Exkurs Nonfiction 111
   5.4.1 Titel und Zwischentitel 112
5.5 Autoreninterview mit Sarah Samuel 114
5.6 Praxistipp von Sarah Samuel 119

6 FIGUREN 121
6.1 Figuren vs. Handlung 123
6.2 Wo Sie interessante Figuren finden 125
   6.2.1 Recherche 125
   6.2.2 Charaktermodelle 126
   6.2.3 Archetypen 129
6.3 Figurenentwicklung: In zehn Schritten zur Kunstfigur 131
   6.3.1 Der Charakterbogen, Die Checkliste für Ihre Figur 138
Charakterbogen für Protagonisten 139
   6.3.2 Praktische Schreibprogramme für
      Figurenskizzen und mehr 143
6.4 Dialoge: Führen Sie gute Gespräche 146
   6.4.1 Funktionen von Dialogen 146
   6.4.2 Mundart, Dialekt und Akzent 148
   6.4.3 Satzzeichen, Schriftform und Stil 148
6.5 Schreibwerkstatt: Figuren durch Übung Tiefe verleihen 149
6.6 Autoreninterview mit Sylva Kanderal 150

7 PLOTTEN 157
7.1 Anfang, Hauptteil, Schluss:
   Ein gutes Buch braucht Struktur 159

7.1.1 Ein guter Anfang 161
7.1.2 Hauptteil und Höhepunkt 165
7.1.3 Das große Finale 167
7.2 Plottechniken: Schreiben nach Plan 171
7.2.1 Checkliste 171
7.2.2 Fünf-Akt-Modell 172
7.2.3 Sieben-Punkte-System 172
7.2.4 Schneeflocken-Methode 173
7.3 Exkurs Nonfiction 176
7.4 Schreibwerkstatt: Falls Sie einen Plan brauchen 178

8 PERSPEKTIVE 181
8.1 Erzählperspektiven 184
8.1.1 Klassische Erzählperspektiven 184
8.1.2 Wechselnde Erzählperspektiven 187
8.2 Distanz und Nähe 189
8.3 Schreibwerkstatt: Die richtige Perspektive finden 190

9 MOTIVATION 191
9.1 Die Motivation anfachen 195
9.1.1 Zehn Schreibroutinen für motivierte Stunden 195
9.1.2 Was tun bei Schreibblockaden? 200
9.2 Autoreninterview mit Boris Thomas 203
9.3 Praxistipp von Boris Thomas 208

10 ÜBERARBEITEN 209
10.1 Von innen nach außen 212
10.1.1 Inhaltliche Überarbeitung 213
10.1.2 Formale Überarbeitung 221
10.1.3 Juristische Überarbeitung 223
10.1.4 Normseite und Exposé 225
10.2 Exkurs Nonfiction 226

10.2.1 Inhaltliche Ebene 227
10.2.2 Formale Ebene 227

11 VERMARKTUNG 229
   11.1.1 Public Relations 232
   11.1.2 Buchmessen, Lesungen und Literaturwettbewerbe 236
   11.1.3 Social-Media-Marketing 238
   11.1.4 Blogs & Influencer Marketing 248
   11.1.5 Google & Amazon Marketing 249
   11.1. Autorentipp von Christian Redl 251
11.2 Praxistipp von Christian Redl 255

12 VERLAGSWAHL.. 257

13 NACHWORT 267

LITERATURVERZEICHNIS 271

VORWORT

Was ist das Geheimnis eines erfolgreichen Buchs? Wie schreibt man einen Bestseller? Und welche Qualitäten braucht ein Autor, um sein Publikum zu erobern? Als Gründer und Geschäftsführer eines der am schnellsten wachsenden Buchverlage in ganz Europa begegne ich diesen Fragen praktisch täglich. Die Fragen sind auch nach mehr als 25 Jahren verlegerischer Tätigkeit gleich geblieben. Die Zeiten haben sich allerdings geändert. Während Autoren sich vor der Zeitenwende zur Digitalisierung noch auf Talent, Glück und Gespür alleine verlassen mussten, gibt es heute eine Reihe an Möglichkeiten, auch im Schriftstellergeschäft aus den Vollen zu schöpfen. Im Zeitalter von Onlinemarketing und Social Media war es nie einfacher, sich einen Markt für sein Buch zu erringen. Und wer gewillt ist, an seinem schriftstellerischen Handwerk zu arbeiten, ist den Gesetzen des Schicksals nicht länger ausgeliefert.

In diesem Ratgeber werde ich Ihnen zeigen, wie Sie ein Buch mit Erfolgsgarantie planen, schreiben und publizieren können. Denn der moderne Schriftsteller ist längst nicht mehr der Bohemien von gestern, der von Liebe, Luft und Tagträumen lebte. Der moderne Schriftsteller weiß, wer er ist, was er kann und ist bestrebt, das zu lernen, was er noch braucht, um vom Autor zum Bestsellerautor zu werden.

Wie jede gute Idee beginnt auch die Buchidee mit einem Plan: In diesem Buch werde ich Ihnen ein System vorstellen, mit dem Sie genau diesen Plan Schritt für Schritt umsetzen können. Ich werde Ihnen zeigen, wie Sie aus einem kreativen Chaos eine kreative Strategie entwerfen, wie Sie Ihren individuellen Schreibstil entwickeln und wie Sie Ihren Figuren Leben einhauchen sowie Ihr Publikum mit einem einzigartigen Plot fesseln können. Als Marktführer unter den Verlagen für Neuautoren beschäftigen wir vom novum Verlag uns außerdem permanent mit spannenden Marketingstrategien –

den gewöhnlichen und den außergewöhnlichen –, die ich Ihnen in diesem Buch vorstellen werde.

Denn wie in jedem Beruf ist auch der Schriftsteller dazu aufgerufen, sich ständig weiterzuentwickeln, seinen Horizont zu erweitern und neue, mutige Wege einzuschlagen. Nicht umsonst lautet mein Berufsmotto seit jeher: „Wer aufhört, besser zu werden, hat aufgehört, gut zu sein."

Also werden Sie besser: Schlagen Sie ein neues Kapitel auf, begeben Sie sich auf Heldenreise und schreiben Sie Erfolgsgeschichte. Mit den Techniken aus diesem Buch wird es Ihnen gelingen.

Ihr Wolfgang Bader

KREATIVITÄT

> *„Bevor man etwas aufbaut,*
> *muss einem etwas einfallen."*
> Erhard Horst Bellermann

2.1 Wie Sie das Tagträumen wieder erlernen

Oft steht der Wunsch, ein Buch zu schreiben, weit vor einer Idee. Das Wissen um die Lust, die Begabung und die Leidenschaft zum Schreiben mögen zwar vorhanden sein, doch das bedeutet nicht, dass es auch die Geschichten schon sind. Insbesondere in einer Welt der ständigen Bespielung durch Streamingdienste und Social Media scheint unsere Kreativität schleichend zu verkümmern. Unsere Fantasie hat sich daran gewöhnt, kontinuierlich mit neuen Impulsen versorgt zu werden. Das Vorstellungsvermögen wird nicht mehr gefordert. Die Ideen schlafen ein. Und selbst das Tagträumen fällt schwer.

Doch auch, wenn es Ihnen schwerfällt, Ideen zu skizzieren, sollten Sie sich nicht entmutigen lassen. Das Schöne an der Kreativität ist, dass sie sich erlernen und wiedererlernen lässt. Dazu haben wir einige Praxisübungen für Sie zusammengetragen.

Übrigens ist das Trainieren der Kreativität erst die Vorstufe zur Formulierung erster Ideen. Denn nur, wenn es Ihnen gelingt, Ihren Geist zu entfesseln, können Sie sich an die Konzeption einer konkreten Geschichte machen. Vergessen Sie nicht, dass Ihr Buch sich zwar im Kern auf eine Idee, eine Geschichte konzentriert, aber auch die Nebenschauplätze nach Substanz verlangen.

2.2 Schreibwerkstatt: Workout für Ihre Kreativität

Mit einer Idee, mag sie auch noch so golden sein, ist die Arbeit nicht getan. Bedenken Sie, dass jede Figur eine eigene Biografie, dass jedes Kapitel eine eigene Kulisse braucht. Bevor Sie sich also ans Schreiben machen, sollten Sie sichergehen, dass Ihre Kreativität entgrenzt ist. Folgende Ansätze können Sie zur vollen Entfaltung Ihrer Kreativität verfolgen:

2.2.1 *Morgenseiten: Weckruf für die Kreativität*

Die Methode der sogenannten *„Morgenseiten"*, die von Julia Cameron entwickelt wurde, basiert auf den Prinzipien des Intuitionsschreibens. Die Technik der US-amerikanischen Journalistin, Filmemacherin und Buchautorin wird unter Künstlern als eher spiritueller Zugang gehandelt. Doch wer jetzt an Esoterik und Quacksalberei denkt, wird dem Konzept der *„Morgenseiten"* nicht gerecht. Denn im Wesentlichen beseitigen die *„Morgenseiten"*, im englischen Original auch *„Morning Pages"* genannt, nicht nur Blockaden, sondern fördern auch den freien Fluss der Kreativität. Konkret geht es darum, das innere Korrektiv auszuschalten. Zu diesem Zweck sollen jeden Morgen, unmittelbar nach dem Aufstehen, noch bevor der Verstand vom Alltagstrott verklärt ist, drei Seiten Papier mit ungefiltertem Gedankenstrom gefüllt werden. Wichtig ist, dass Sie nicht nachdenken, worüber Sie schreiben. Weder Stil noch Inhalt spielen eine Rolle für Ihre spontanen Satzkonstrukte. Dringen Sie tief in Ihren Bewusstseinsstrom ein und zapfen Sie Ihr Unterbewusstsein an. Sie werden staunen, was Sie alles finden werden. Essenziell für die Umsetzung ist übrigens, dass Sie die *„Morgenseiten"* ausschließlich mit der Hand verfassen. Laut ihrer

Erfinderin gibt Ihnen nur die handschriftliche Niederschrift Zeit, sich in Ihr Werk zu vertiefen. Die Technik ist überdies eine Übung in Selbstdisziplin, einem neben der Kreativität ebenfalls wesentlichen Werkzeug eines erfolgreichen Schriftstellers. Schließlich und endlich sollen die *„Morgenseiten"* nicht weniger als drei Monate lang praktiziert werden. Dabei sind sie Teil eines deutlich umfangreicheren Programms, das Künstlermentorin Julia Cameron in ihrem Werk *„Der Weg des Künstlers"* (Originaltitel *„The Artist's Way"*) beschreibt. Versuchen Sie sich ruhig unvoreingenommen in dieser doch unkonventionellen Methodik. Am Ende werden Sie womöglich nicht nur mit enthemmter Kreativität, sondern auch gleich noch mit einer Idee für Ihr Buch belohnt.

2.2.2 Spielen Sie mit Sprichwörtern

Kreatives Intervalltraining bietet auch die folgende Praxisübung von Otto Schumann, dem Herausgeber des viel zitierten Grundlagenwerks *„Schreibkunst. Handbuch für Schriftsteller, Redakteure und angehende Autoren"*. Denken Sie an ein mehr oder minder bekanntes Sprichwort, eine Redewendung oder auch eine Lebensweisheit und erfinden Sie eine Geschichte dazu. *„Wer anderen eine Grube gräbt, fällt selbst hinein"* oder auch *„Aus einer Mücke einen Elefanten machen"* bieten zum Beispiel reichlich Stoff für kreative Gedankenexperimente. Es reicht, wenn Sie diese Geschichten in Ihre Tagträume einbetten. Sie aufzuschreiben ist nicht zwingend notwendig. Diese Taktik wirkt trivial auf Sie? Dann sollten Sie vielleicht einen präziseren Blick auf die Weltlektüre werfen. Als vollendete Form des Sprichworts *„Rache ist süß"* könnte wohl Dumas' berühmter Roman *„Der Graf von Monte Christo"* gelten. Der simple Spruch *„Unverhofft kommt oft"* war wohl schon häufig ein Leitmotiv des Märchens. Und sowohl Molières Don Juan als auch

Mozarts Don Giovanni hatten mit Sicherheit *„mehrere Eisen im Feuer".* Viele Sprichwörter, die uns auf den ersten Blick wie Binsenweisheiten erscheinen, sind klassische Themen der Komparatistik. Greifen Sie sie auf, spinnen Sie sie weiter und verfolgen Sie sie. Schon bald wird Ihr Gedankenkonstrukt Sie nicht mehr loslassen. Sollte Sie der Schwierigkeitsgrad dieser Technik unterfordern, so gehen Sie noch einen Schritt weiter. Rufen Sie sich eine alltägliche Aussage ins Gedächtnis und stellen Sie ihr eine konträre gegenüber. Dies könnte etwa so aussehen: *„Alte Liebe rostet nicht. Doch neue Liebe schillert so schön."* Kommt Ihnen dieses Thema bekannt vor? Wahrscheinlich ist es Ihnen schon mehrmals begegnet, zum Beispiel im Film *„Eine verhängnisvolle Affäre"* mit Michael Douglas in der Hauptrolle. Oder etwa: *„Übung macht den Meister. Doch manchmal fällt ein Meister einfach so vom Himmel."* Um dieses Motiv spinnen sich die Handlungsstränge zahlreicher Dramen. Leidenschaft alleine reicht nicht aus, wenn nicht auch eine gewisse Begabung vorhanden ist. Manche, wie zum Beispiel Mozart, sind mit einer solchen gesegnet, während ihre ewigen Gegenspieler, wie etwa der Hofkomponist Salieri, ihr Niveau nie erreichen werden. Das Potenzial dieser Übung steckt übrigens nicht nur in ihrer Ausführung, sondern auch in ihrer Ausformung. Entwerfen Sie sowohl Übungen als auch die dazu passenden Handlungen, Figuren und Schauplätze. Schulen Sie Ihr Gehirn im kreativen Denken. Schon bald werden Sie mehr Geschichten als Zeit haben, um sie niederzuschreiben.

2.2.3 Schauen Sie genau

Die begabtesten Schriftsteller waren zugleich auch begnadete Beobachter. Ihre Umwelt betrachten Schriftsteller in der Regel wie ein Ornithologe ein Vogelnest. Hermann Hesse sei hier nur als eines von vielen Beispielen genannt. Bei Werken wie *„Narziß* *und Goldmund"* oder auch *„Der Steppenwolf"* handelt es sich, kurz gegriffen, um zu Büchern gebundene Persönlichkeitsprofile. Keineswegs beschreibt Hesse in seinen Werken nur sein Spiegelbild. Narziß etwa, einer jener zwei Hauptprotagonisten, um die sich die Geschichte von *„Narziß und Goldmund"* spannt, ist rational, praktisch und pragmatisch. Demgegenüber steht die fein gesponnene Künstlerseele Goldmunds, die Hesse, selbst eine sensible Seele, zu beschreiben wesentlich leichter gefallen sein wird. Woher aber nimmt Hesse den Stoff, um Narziß, eine ihm selbst so gegensätzliche Persönlichkeit, zu konstruieren? Er *rekonstruiert* sie. Denn Hesse blickt selbst auf eine Vergangenheit als Schüler einer Klosterschule in Maulbronn, Baden-Württemberg, zurück. Nirgendwo sonst hätte Hesse die Persönlichkeit des Theologen, des Theoretikers und reinen Geistmenschen besser studieren können als in ihrer Gebärstätte selbst. Es ist die Beobachtung seiner Umwelt, die Hesse zu deren empirischer Beschreibung befähigt. Je mehr Eindrücke und Erlebnisse, je mehr Welten ein Autor sammelt, desto mehr Stoff gewinnt er für seine Geschichten. Auch das Reisen hatte Hermann Hesse mit seinen großen Vorvätern, zum Beispiel Goethe, gemeinsam. *„Die beste Bildung findet ein gescheiter Mensch auf Reisen"*, sagte Goethe. Verlassen Sie also Ihre vier Wände, studieren Sie die Welt und entfachen Sie Ihre Kreativität: Die Inspiration liegt auf der Straße. Sie müssen nur genau hinschauen.

2.3 Autoreninterview mit Nathalie Karré

Nathalie Karré, gefragte Expertin für Potenzialentfaltung, Change sowie Organisations- und Führungskräfteentwicklung, begleitet seit mehr als zwei Jahrzehnten Menschen in Veränderungsprozessen auf der Reise zu einem erfolgreichen, glücklichen Leben. Sie beschreitet dabei stets unkonventionelle Wege, zum Beispiel mit „*Transformation Journeys*" zu außergewöhnlichen Persönlichkeiten wie André Heller oder Gottfried Helnwein. Ihr erstes Buch, „*Der Jungbrunnen-Effekt. Wie 16 Stunden Fasten Ihr Leben verändert*", in dem sie als Co-Autorin mitwirkte, etablierte sich schnell in der Bestsellerlandschaft. **www.jungbrunneneffekt.com**

Frau Karré, Sie blicken auf eine erfolgreiche Karriere als Gründerin, Trainerin, Coachin und nicht zuletzt Bestsellerautorin zurück. Der beharrliche Wille zu Weiterentwicklung, Veränderung und Wachstum ist in Ihrem Wirkungsbereich essenziell. Woraus beziehen Sie Ihre unerschöpfliche Energie?

Ich denke, es ist vor allem das inhaltliche Interesse, das mich treibt. Wie kann eine bestimmte Fragestellung gelöst werden? Gerade in der Unternehmensberatung und Führungskräfteentwicklung habe ich ständig mit schwierigen oder scheinbar unlösbaren Problemen zu tun. Um diese zu meistern, muss man flexibel denken und sich laufend mit vielen neuen Informationen versorgen.

Auch im Executive Coaching ist es wichtig, sich ständig weiterzuentwickeln. Als externer Berater und Begleiter ist es genau deine Aufgabe, neue Impulse in Unternehmen zu bringen. So kommen stets zusätzliche Themenfelder und Wissensgebiete dazu – und es macht mir auch Spaß, in den eigenen Fachgebieten dazuzulernen und zu wachsen.

Eine zweite Energiequelle ist sicher mein Lebensstil. Vieles davon habe ich als Co-Autorin auch in unserem Buch „*Der Jungbrunnen-Effekt. Wie 16 Stunden Fasten Ihr Leben verändert*" beschrieben: Täglicher Sport, so oft als möglich in der Natur zu sein, eine sinn- und genussvolle Ernährung, aber auch gute Mentaltechniken und sich geistig zu fordern geben eine gute Grundenergie. Eine weitere große Kraftquelle ist die Zeit mit Familie und Freunden. All das ist mir sehr wichtig und ich achte darauf, diese Elemente aktiv zu leben.

Unter anderem unterstützen Sie Ihre Kunden auch bei deren individueller Potenzialentfaltung. Was darf man sich darunter vorstellen?

Im Wesentlichen bedeutet es, Menschen und Organisationen in Veränderungsprozessen zu begleiten. In beiden Fällen geht es darum, einen Entwicklungswunsch zu unterstützen: Neue Wege zu erschließen, Zusammenarbeit zu fördern, Ergebnisse schneller zu erreichen, die eigene Effizienz zu steigern, eigene Energieressourcen zu managen oder herausfordernde Situationen zu meistern sind nur einige Methoden dazu. Oft geht es auch um etwas ganz Neues. Neue Unternehmenszweige zu erschließen, neue Unternehmen zu gründen oder auch neue Wege zu finden, wenn das Potenzial eines Menschen im aktuellen Unternehmens- oder Berufsfeld nicht ausgelebt werden kann. Wenn Menschen an so eine Weichenstellung des Lebens gelangen, sind das schon herausfordernde Momente bzw. Zeiten für die betroffene Person. Häufig hat man sich schon vieles aufgebaut, und plötzlich spürt man, dass man alles loslassen muss, um eine neue Richtung im Leben einzuschlagen, die üblicherweise nicht mit der gleichen finanziellen Sicherheit einhergeht und oft auch große Auswirkungen auf die Familie und das nahe Umfeld hat. Hier gilt es herauszuarbeiten, welche Potenziale sich entfalten wollen, wohin der neue Weg gehen kann und wie das alles mit dem bisherigen Leben vereinbar ist. Ein- bis zweimal jährlich gehen wir mit Menschen, die genau an so einem Punkt stehen, auf *„Transformation Journey"*, eine Reise zu inspirierenden Persönlichkeiten wie André Heller oder Gottfried Helnwein, um mit ihnen gemeinsam an genau dieser Frage zu arbeiten: Wie kann ich meine Potenziale entfalten und große Träume in meinem Leben realisieren?

Verborgene Potenziale kann man zum Vorschein bringen. Wie verhält es sich aber mit deren praktischer Anwendung? Ist Kreativität ebenfalls eine Eigenschaft, die sich durch Methodik erschließen lässt?

Um genau diese praktische Anwendung geht es in der Potenzialentfaltung. Im ersten Schritt sind diese Potenziale aufzuspüren und im zweiten Schritt Wege zu entwickeln, wie sie zur Wirkung kommen können. Diese zu finden ist ein sehr spannender, hochindividueller und auch sehr freudvoller Prozess.

Kreativität hat wie fast alle Eigenschaften oder Kompetenzen eine eigene Logik und Methodik und lässt sich auch gut erschließen.

Steckt Kreativität in jedem Menschen?

Ja. Haben Sie schon mal ein unkreatives Kind erlebt? Ich nicht. Und ich frage mich, wohin diese Kreativität verschwinden sollte. Manche Menschen glauben, sich im Berufsleben vor allem durch Kompetenz und Ernsthaftigkeit Respekt verschaffen zu müssen. Das ist aber ein Irrglaube. Spätestens, wenn wir in Innovationsprozessen oder anderen Management-Seminaren mit *„Lego Serious Play"* arbeiten, zeigt sich sehr schnell, wie viel Kreativität und Spielfreude in jedem Managementteam steckt.

Als Co-Autorin des Buchs *„Der Jungbrunneneffekt"*, einem Ratgeber zum Intervallfasten mit ganzheitlichem Ansatz, haben Sie an einem Bestseller mitgewirkt. Wie entstand die Idee zu diesem Werk?

Diese *„Idee"* ist weniger der Kreativität als vielmehr der Spontanität geschuldet. Eine Verlagsmitarbeiterin, mit der ich im Management

Development arbeite, wusste, dass die Autoren, P. A. Straubinger, Margit Fensl und ich, gemeinsam Seminare zu Intervallfasten, gesunder Ernährung, Meditation und Mentaltechniken veranstalten. Sie fragte uns, ob wir Lust hätten, ein Buch über diese Themen zu schreiben – es müsse nur in fünf Monaten fertig sein. Wir hatten. Und die kurze Zeitspanne beflügelte wahrscheinlich unsere Kreativität. Dass das Buch über fast sechs Monate die Bestsellerlisten anführte, das meistverkaufte Buch Österreichs war und wir damit den Health und Fit Award gewonnen haben, hat uns alle mehr als überrascht. Und natürlich auch riesig gefreut.

Glauben Sie, dass man den Prozess der Ideenfindung bewusst steuern kann, oder sind Ideen kognitive Impulse, die sich unserer Kontrolle entziehen?

Ja, kann man. Es gibt ausreichend Kreativitätstechniken, die es ermöglichen, strukturiert vorzugehen. Neben vielen Klassikern wie *„Mindmapping"*, der *„635-Methode"* oder der *„Umkehr-Technik"* gibt es zahllose weitere innovative Ansätze, zum Beispiel die *„Walt-Disney-"* oder die *„Blue-Ocean-Strategie"*. Daneben existieren auch viele Anregungen aus der agilen Welt, zum Beispiel *„Design Thinking"*, eine tolle Kombination aus Prozessvorgabe und Kreativelementen. Bei dieser Methode werden auch User bzw. Kunden einbezogen – auch das gibt der Ideenfindung neue Blickwinkel.

Und natürlich gibt es auch die kognitiven Impulse, die sprichwörtlich unter der Dusche oder beim Morgenlauf kommen und einfach da sind. In irgendeiner Form entstehen sie aber immer aus dem, womit wir unseren Geist davor – bewusst oder unbewusst – gefüttert haben.

Für das bewusste Steuern der Ideenfindung ist es wichtig, Kreativitätstechniken zu kennen und anwenden zu können. Für die kognitiven

Impulse ist es relevant, arbeitstechnische und digitale „Aus-Zeiten" und damit Freiräume für den Geist zu schaffen. Meditation ist übrigens auch eine Methode, die bei regelmäßiger Anwendung Kreativität und Ideenfindung fördert.

Welche Blockaden gibt es, die den Ideen- und Kreativitätsfluss zum Stocken bringen?

Die größte Blockade ist der Glaube daran, nicht kreativ zu sein. Menschen, die von sich behaupten, *nicht kreativ zu sein,* werden sich immer selbst darin bestätigen. Kreativitätstechniken sind ein wunderbares Handwerkszeug. Falsche Glaubenssätze sind aber stärker und werden beweisen, dass die jeweiligen Kreativitätstechniken nicht funktionieren. Unsere Glaubenssätze und Wirklichkeitskonstruktionen sind unsere größten Einschränkungen, aber auch unser größter Triebmotor. Hier können Persönlichkeitsentwicklung, Coaching oder Menschen, die in der Potenzialentfaltung begleiten, sehr hilfreich sein.

Was ist Ihr persönlicher Schlüssel für Kreativität auf lange Sicht?

Interessiert zu bleiben an der Welt und die Lust am Neuen zu kultivieren: Viel zu reisen, zu lesen und neue Informationen aufzunehmen. Auch die Neugier am Austausch mit Menschen sollte bestehen bleiben – vor allem mit Menschen, die anders sind als man selbst. Im Austausch mit Menschen anderen Alters oder Milieus ist außerdem eine fragende, offene Haltung entscheidend. Es geht nicht darum, wer Recht hat, sondern darum, möglichst viele Sichten der Welt nebeneinanderzustellen und deren jeweilige Vorteile gemeinsam zu erkennen. So kann man unglaublich viel entdecken und auch die eigene Kreativität beflügeln.

Und natürlich hilft es, sich selbst immer wieder zu hinterfragen, und vor allem nie zu glauben, man wüsste schon alles. Am gefährlichsten ist es, wenn man Experte in einem bestimmten Gebiet ist – hier kann man leicht mal der *„Ich-weiß-schon-alles-Fantasie"* verfallen. Sie ist der Tod jeglicher Entwicklung und Kreativität.

Welche Botschaft können Sie Autoren mitgeben, die noch an ihrem Potenzial bzw. an ihrer Befähigung zweifeln?

1. Einfach hinsetzen und schreiben. Wenn Sie die Energie, die Sie fürs Zweifeln aufwenden, ins Schreiben investieren, haben Sie schon eine große Triebkraft.
2. Denken Sie an Dinge oder Menschen, die Sie glücklich machen. Viele Studien haben gezeigt, dass Menschen, die sich selbst gute Gefühle erzeugen, disziplinierter, motivierter und auch kreativer sind als Menschen, die an etwas Negatives denken.

2.4 Praxistipp von Nathalie Karré

Praxistipp von Bestsellerautorin Nathalie Karré. Mit dieser Übung trainieren Sie Ihre Kreativität:

Eine meiner liebsten Kreativitätstechniken ist eine Abwandlung der „Mentoren-Technik": Betrachten Sie Ihr Problem oder Ihre Fragestellung mit den Augen anderer Menschen. Fragen Sie sich, wer das Problem am besten lösen könnte oder die besten Ideen dazu hätte. Und dann fragen Sie sich, wie diese Person die Sache lösen würde. In der Abwandlung laden Sie noch weitere, möglichst unterschiedliche Personen ein – so viele, wie Sie möchten – und betrachten Ihre Fragestellung mit deren Augen bzw. Weltsicht, etwa:

- Wie würde Heidi Klum die Frage beantworten?
- Was würde Mutter Theresa dazu sagen?
- Welche Ideen hätte Charly Chaplin?
- Und was würde Donald Trump darüber twittern?

Mit dieser Technik hatte ich schon einige ausgesprochen ergiebige, aber auch sehr lustige Kreativsessions. Und Humor beflügelt ja bekannterweise die Kreativität.

IDEEN

3

> „Eine Idee muss Wirklichkeit werden können,
> oder sie ist eine eitle Seifenblase."
> Berthold Auerbach

Ideen sind die Konkretisierung Ihrer Kreativität. Sobald sich Ihre Kreativität bemerkbar macht, sich Geschichte um Geschichte Ihres Geistes bemächtigt, sollten Sie auch schon in Ihre Schaffensphase eintreten. Doch Vorsicht, dies bedeutet nicht, dass Sie immerzu inspiriert sein müssen, um zu schreiben. Unter vielen Schriftstellern herrscht immer noch der irrige Glaube, dass man nur unter dem Einfluss der Musen schreiben könne.

Relativiert hat das unter anderem der japanische Erfolgsautor Haruki Murakami in seinem Buch *„Von Beruf Schriftsteller"*. Der Autor von Büchern wie *„Naokos Lächeln"* oder *„Kafka am Strand"* hat in seinen Essays über das Schreiben nicht nur die bedingungslose Bereitschaft zum Prozess betont, sondern auch das romantische Selbstbild des Schriftstellers revidiert. Schreiben ist nicht nur Berufung, sondern eben auch Beruf. Es wird immer wieder Tage geben, an denen der kreative Fluss in trockenen Mündungen verläuft. An manchen Tagen ringt man mehr, an anderen weniger mit den Worten. Wichtig ist aber, jeder Widrigkeit zum Trotz weiterzuschreiben. Sie wollen ein Buch schreiben? Dann akzeptieren Sie das Schreiben als Ihren Beruf. Verfolgen Sie Ihre Aufgabe, ein Buch zu schreiben, mit derselben Vehemenz wie Ihren Brotjob. An Tagen ohne Musenkuss auf das Schreiben zu verzichten, wäre so, als würden Sie Ihrem Chef sagen, dass Sie heute nicht zur Arbeit kommen, weil Ihnen die Inspiration fehlt.

3.1 Schreibwerkstatt: Das bringt Sie auf Ideen!

Der Grundstock für Ihre Ideen ist Kreativität, nicht Inspiration. Bedienen Sie sich also im ersten Schritt der Techniken, die wir Ihnen in Kapitel 1 geschildert haben. Sobald Ihre Kreativität wieder fließt, konzentrieren Sie sich auf die Ideen – denn ihrer braucht es viele. Mit einer Grundidee, einem Thema für Ihr Buch, ist es beim Schreiben längst nicht getan. Vielmehr ist Ihr Buch ein Sammelsurium aus Ideenbildern. Zu Beginn Ihrer Arbeit werden Sie erst einmal auf viele Fragen stoßen, die Sie sich selbst stellen und beantworten sollten. Sie werden feststellen, dass der Schreibfluss erst dann ungehindert vonstattengeht, wenn Sie elementare Ansätze geklärt haben. Betrachten Sie diesen Schritt aber als Fortschritt, nicht als Hindernis. Denn in jeder Frage steckt auch schon eine Antwort – eine Antwort, die Sie Ihrem Plot näherbringen wird. Fragen sind also eine Technik der Ideenfindung. Damit Ihr Fragenkatalog aber nicht mehr Seiten hat als Ihr Roman, schlüsseln wir Ihnen im Folgenden die Frage- und andere Techniken auf:

3.1.1 *Stellen Sie die richtigen Fragen*

Sind Sie noch mit den viel zitierten W-Fragen aus Ihrer Schulzeit vertraut? Vielleicht erinnern Sie sich noch an die unzähligen Schulstunden, in denen Ihr Lehrer die Bedeutung von Frageadverbien und -pronomen fürs Gelingen eines profunden Berichts betont hat. Personal-, Temporal- oder Lokalfragen, die Protagonisten, Zeit- oder Ortsangaben betreffen, bestimmen aber nicht nur die Ausgestaltung von Berichten. Wenn Sie diese Technik erst anwenden, werden Sie schnell bemerken, dass auch andere Textgattungen ohne die wegweisenden W-Fragen nicht auskommen. Diese Technik bietet sich vor allem dann an, wenn Ihnen noch jede Vorstellung von Ihrem Buch fehlt. Wenn Sie die W-Fragen Punkt für Punkt beantworten, entsteht der Bauplan für Ihr Buch praktisch von selbst. Also, nehmen Sie Stift und Papier und zeichnen Sie Ihr erstes Modell:

- **Was?** Bevor Sie sich an die Arbeit machen, sollte feststehen, welches Genre Sie bedienen wollen. Wahrscheinlich haben Sie Ihre Vorliebe für die ein oder andere Literaturgattung längst entdeckt. Planen Sie ein Faktenbuch oder doch ein Werk aus der Welt der Fiktion? Verfügen Sie über den sachlichen, geordneten Verstand eines Krimiautors oder streift Ihr Geist doch immer wieder die Grenzgebiete des Fantasyreservats? Wenn Ihr Buch ein Bildnis ist, ist das Genre der Bilderrahmen. Stecken Sie die Grenzen ab, doch stecken Sie sie nicht zu eng. In manchen Ausnahmefällen verwächst sich nämlich erst die Idee für Ihr Werk zu einem Genre und nicht umgekehrt. So kann es durchaus sein, dass Ihre Faszination für eine historische Figur Sie zu einer Biografie ermuntert. Eben jene Faszination kann aber, angereichert mit Fantasie, Grundlage für einen Historienroman sein. Vielleicht begrenzt Sie die straffe Sachlichkeit einer Biografie, während die Weitschweifigkeit eines Romans Sie beflügelt. Doch ob Ereignis oder Genre, beginnen Sie Ihre Suche nach dem schriftstellerischen Sinn mit der Frage nach dem Was. Erst aus der Beantwortung dieser Frage werden Sie weitere Handlungsstränge ableiten können.
- **Wer?** Ob Krimi, Fantasy, Roman oder Biografie – ein Buch braucht Protagonisten. Wie Sie spannende, authentische Charaktere modellieren, veranschaulichen wir im Kapitel zur Figurenkonstruktion. Doch um zu zeigen, wie eine Figur Sie zum Inhalt Ihres Werks führen kann, verraten wir Ihnen schon vorab einen entscheidenden Mechanismus: Jeder Mensch, jedes Individuum ist ein Memorandum seiner Erfahrungen, Erlebnisse und Eigenschaften. Gleichzeitig gestaltet auch unsere genetische

Grundlage unsere Charakterbildung und -entwicklung mit. Blättern Sie in diesem Memorandum und Sie werden die originellsten Bildkompositionen entdecken. Ihre Fantasiefigur ist ein wortkarger, in sich gekehrter Egozentriker? Dann stellen Sie sich die elementare Frage: Warum? Gab es einschneidende Erlebnisse, die den introvertierten Kerl geprägt haben? Musste dieser selbstzentrierte Mensch vielleicht lernen, sich ausschließlich auf sich selbst zu verlassen? Blickt er auf eine problematische Kindheit zurück? Hatte er womöglich nachteilige Ausgangsbedingungen? Waren diese Ausgangsbedingungen gesellschaftlicher oder vielleicht sogar genetischer Natur? Schürfen Sie in der reichen Biografie Ihrer Figuren nach Stoff für Ihre Geschichten. Vielleicht stoßen Sie schon bald auf Gold.

- **Wie?** Wie hat sich die Geschichte zugetragen? Neben Motiven, Persönlichkeiten und Struktur brauchen Geschichten auch ein ausdauerndes Handlungsgerüst. Es reicht nicht, einen Plot mit passiven Beschreibungen zu bestücken. Handlungen sind das Aktiv in Ihrer narrativen Architektur. Bringen Sie Bewegung in Ihren Plot. Erst die beharrliche Beantwortung der Wie-Frage belebt eine Erzählung und unterscheidet einen Roman, Krimi oder Thriller von einem einfachen Tatsachenbericht. Selbiges gilt auch für die Schraffur von Persönlichkeiten. Setzen Sie, auch im Sinne eines lebendigen Stils, auf Aktiva statt Passiva. Statt also zu schreiben: *„Sie war eine echte Tierfreundin"*, versuchen Sie es mal mit: *„Während ihrer letzten Wanderung am Teide hielt sie alle paar hundert Meter an, um ermattete Hummeln, die sich den staubigen Winden der Insel ergeben hatten, vom Wegrand zu wischen."* Das gleiche Prinzip gilt auch für Geschehnisse. Es könnte genügen, zu schreiben: *„Es war eine kalte Winternacht."* Doch die Alternative, *„Der Frost klebte in den Lichtern der Laternen und schwärzte die Nacht"*, macht nicht nur Ihnen, sondern auch Ihren Lesern viel mehr Spaß.

- **Wo?** Manchmal erschafft auch die Kulisse die Geschichte. Wie sonst sind wohl die Geistergeschichten, die um alte, verlassene Schlösser wabern, entstanden? Doch nicht nur Gebäude oder Schauplätze, sondern auch Städte oder Landschaften schaffen Raum für Ideen. Jedes Landschafts- ist zugleich auch Kulturgut. Welche verborgene Geschichte hält sich wohl zwischen staubenden Wüstenzonen, dampfenden Salzpfannen und schwitzenden Tropenwäldern verborgen? Versuchen Sie sich als Pionier und erobern Sie neue literarische Gefilde.
- **Wann?** In welchem Zeitalter spielt Ihre Geschichte? In der schönen neuen Welt oder doch eher im grimmigen Mittelalter? Welche Gesellschaftsphänomene ließen sich wohl zu einem bekömmlichen literarischen Motiv verarbeiten? Vertiefen Sie sich in die Geschichte und entdecken Sie ein Thema für sich. Die Zeit hat schon viele Romane geboren. George Orwell und Aldous Huxley würden dem sicher zustimmen.
- **Warum?** Die Frage nach dem Warum fächert sich in Romanen mit dem Prädikat *wertvoll* von der ersten bis zur letzten Seite auf. Denn erst die Beantwortung aller *Wiesos* und *Weshalbs* stiftet Sinn in der fiktiven Welt. Wenn Sie vermeiden wollen, dass Ihr Roman beliebig wirkt, sollten Sie nichts dem Zufall überlassen. Begreifen Sie sich als Schicksalsschmied Ihrer Geschichte und lassen Sie keinen Zustand unerklärt. Gleichzeitig erbringt die Suche nach dem Motiv auch satte Erträge: Sie liefert Ihnen neue Ideen. Beobachten Sie Ihren Alltag und betten Sie die Frage Warum in all Ihre Anschauungen ein: Warum sitzt der Mann mit dem Lilienstrauß alleine auf der Parkbank? Weshalb schwebt ein silberner Partyballon in Form eines O vereinsamt durch die Straßen? Wieso verwildert und wuchert seit Wochen des Nachbars sonst so gepflegter Garten? Wo immer Sie auch sind, was immer Sie auch beobachten – Fragen Sie nach dem Motiv. Manchmal reicht die Ergründung der Frage für ein ganzes Buch.

3.1.2 Halten Sie Ideen fest

Die Namensverwandtschaft ist nicht zufällig. Der walisische Dichter und Schriftsteller Dylan Thomas soll eines der großen Vorbilder von Bob Dylan gewesen sein. Der Literaturnobelpreisträger – übrigens der erste Musiker überhaupt, der sich dieser Auszeichnung rühmen darf – heißt mit bürgerlichem Namen Robert Allen Zimmerman. Dylan glorifizierte sein Vorbild öffentlich eher selten, dennoch ist das Pathos offensichtlich. Nicht nur die Namen, sondern auch die stilistischen Pointen weisen Parallelen auf. Ein Fanatismus, der für einen Songwriter angemessen erscheint. Denn Dylan Thomas war bekannt für seine veredelten Wortschöpfungen, die seine Gedichtbände bis in die Fünfzigerjahre verbalen Traumgebilden gleich füllten. Festgehalten hat der Bohemien seine Wortkonstruktionen aber nicht etwa in Poesiealben oder auf Briefpapier, sondern auf Haufen von Haftnotizen. Seine Meisterwerke schrieb Thomas nicht selten an Bartresen, die Hosentaschen immerzu befüllt mit zu Papiergolfbällen gekneteten, knittrigen Gedichtfragmenten.

Doch was können wir von Thomas' zerstreuter Künstlernatur lernen? Stift und Papier in Thomas' Alltagsreservoir lehren uns vor allem eines: Ordnung im kreativen Chaos. Denn Ideen und Inspiration haben das Unvorhersehbare gemeinsam: Sie kommen mit Vorliebe unangekündigt und in den ungünstigsten Momenten. Der Aphorismus, der beim Autofahren Form annimmt, der Buchtitel, der sich mitten im Museum manifestiert, die Buchidee, die beim Spaziergang im Nirgendwo die Blockaden rodet – Ideen entstehen aus Impulsen. Ebenso schnell, wie sie sich vergegenwärtigen, verschwinden sie aber auch wieder. Insofern braucht es Medien, um sie festzuhalten. Auf unser Kurzzeitgedächtnis ist bekanntlich wenig Verlass, wenn es darum geht, wichtige Informationen in unser Langzeitgedächtnis zu schleusen.

Gut beraten ist, wer es wie Dylan Thomas macht und sich mit entsprechendem Equipment ausstattet. Zwar sind Notizbücher sicher zuverlässiger und wesentlich widerstandsfähiger als Haftnotizen, dennoch spielt es letztlich keine Rolle, worauf Sie Ihre Eingebung verewigen. Wichtig ist, dass die Information gespeichert wird, bevor sie entschwindet. Praktisch Veranlagte profitieren durch moderne Innovationen von einem erweiterten Gedächtnis. Denn längst schon haben sich Apps, Computerprogramme und Onlineplattformen als Tools für die poetische Bestandsaufnahme bewährt. Die wichtigsten haben wir im Kurzüberblick für Sie zusammengefasst:

- **Evernote:** Rund 250 Millionen Menschen weltweit nutzen Evernote, eine der bekanntesten und effizientesten Apps für Mindmapping. Tatsächlich bezeichnet der Gründer und Erfinder von Evernote, Stepan Pachikov, die App als erweitertes Gehirn. Denn Evernote arbeitet basierend auf drei Grundprinzipien des menschlichen Gehirns: Es speichert Vergangenes, verlegt Querverbindungen und vernetzt sie zu neuen Ideen. Verfügbar für alle gängigen Betriebssysteme sowie als App bedient sich Evernote dabei folgender Optionen: Nicht nur können mehrere Notizbücher angelegt werden – die Paperblanks-Sammlung in der Handtasche hat also ausgedient –, sondern sie können auch noch direkt mit Bildern, Audiodateien oder Links und Lesezeichen verknüpft werden. Das hat den Vorteil, dass nicht nur Texte, sondern auch inspirierende Bilder oder Videos, die zu neuen Denkmustern verhelfen, gespeichert werden können. Darüber hinaus ist die Aufnahmefunktion von unschätzbarem Wert: Wer Hände und Augen gerade auf andere Ziele gerichtet hat, kann den geistigen Höhepunkt auch in einem Audiofile verewigen – und später daran weiterflechten. Zusätzlich stehen eigene Tools zum Schreiben zur Verfügung, die den kreativen Prozess unterstützen. Besonders empfehlenswert ist die *Web*

Clipper-Funktion: Autoren mit Vorliebe zur Onlinerecherche können ihre Suchergebnisse in Screenshots verewigen und mit Notizen oder Schlagwörtern versehen. Neue Funktionen wie die *KI-gestützte Suche* oder die *KI-Notizbereinigung* beschleunigen Plotten und Brainstormen mithilfe künstlicher Intelligenz. Probieren Sie es aus! Die Basisversion von Evernote ist kostenlos. *www.evernote.com*

- **Google Keep:** Das kostenlose Google-Tool ist ein annehmlicher Kompromiss, will man monatliche Mehrkosten vermeiden. Auch hier kann das Smartphone nach Belieben mit einer kompakten App ausgestattet werden. Google Keep schlichtet und sortiert Gedanken zu wohlproportionierten Notizen, die je nach Bedarf und Priorität mit Farben oder Erinnerungsfunktion versehen werden können. Außerdem wartet Google Keep mit einer Funktion für Sprachnotizen auf, die sogar zu einem Transkript umgeschrieben werden können. Die App ist eine Anwendung für Minimalisten, die sich durch ein klares, schlichtes Design auszeichnet. *www.google.de/keep*

- **Coggle:** Gerade Kreative fühlen sich von Tabellen und Listen in ihrem Schaffen oft eingeschränkt. Künstler haben die Tendenz, in ihrem Denken auszuschweifen und zu wachsen wie die Äste an einem Baum. Diesem Gedanken trägt die Mindmapping-App Coggle Rechnung. Mit Coggle wachsen ganze Bäume aus den eigenen Ideen. Die Baumdiagramme können mit Texten, Bildern und Links verknüpft werden. Ast für Ast, Zweig für Zweig, entsteht ein buntes Bild, das den Blick aufs große Ganze zulässt. Coggle ist kostenlos oder in erweiterten Versionen zu moderaten Preisen zu erstehen. *www.coggle.it*

- **OneNote:** Nostalgiker, die der Handschrift noch nicht gänzlich abgeschworen haben, sollten auf Microsoft OneNote setzen. Das Gratisprogramm ist Mitglied der Microsoft-Office-Familie und garantiert Konnektivität mit allen Office-Tools. Auch mit OneNote können Video-, Bild- und Audiofiles problemlos gespeichert und geteilt werden. Eine besondere Funktion des Programms ist aber *Freihand in Text*. Spontane Eingebungen können mittels Finger, Maus oder Tablet-Stift in Handschrift verfasst und anschließend in Computerschrift konvertiert werden. Das erlaubt auch nachträgliches Bearbeiten oder Drucken von mit der Hand geschriebenen Texten. *www.onenote.com*

- **Todoist:** Geistige Klarheit verspricht die App Todoist. Hier übernehmen verschiedene Features die Aufräum- und Schlichtarbeiten in Ihrem Kopf für Sie. Unter anderem kann jede Aufgabe mit einer Prioritätsstufe etikettiert werden. So behalten Sie die wichtigsten To-dos immer im Blickfeld. Diese Erinnerungsfunktion weist Ihnen nicht nur im Schreib-, sondern auch im Veröffentlichungsprozess den Weg zum Ziel. Denn in der Zusammenarbeit mit Lektoren sind Deadlines die Uhr, nach der Sie sich richten müssen. Für Ansporn sorgt das Feature *Todoist Karma*: Haben Sie Ihr Tagesziel erreicht, so werden Sie mit Karmapunkten belohnt. Umso höher Ihr Karmalevel, die Stufe Ihrer individuellen Erleuchtung, umso mehr Belohnungen, wie etwa neue Themes, erhalten Sie. *www.todoist.com*

- **Simplenote:** Bei Simplenote ist der Name Programm. Der Fokus der Anwendung liegt klar auf Textnotizen. Auf Technikfirlefanz wird zugunsten einer einfachen, kompakten Formel verzichtet. Das Design ist minimalistisch, die Oberfläche sowohl der App als auch der Webversion selbsterklärend und verständlich. Das kostenlose Programm bietet außerdem ein für Autoren unverzichtbares Werkzeug: Bei Simplenote können Notizen nicht überschrieben werden. Der sogenannte *Version Slider* agiert wie eine Zeitmaschine und stellt auch ältere Versionen der Originalnotiz wieder her. Eine Idee, auf die vor allem Autoren mit Hang zur überambitionierten Überarbeitung sicher schon lange gewartet haben. *www.simplenote.com*

- **Pocket:** Eine App, an der auch Dylan Thomas Gefallen gefunden hätte, ist Pocket. Pocket ist eine permanente Onlinebibliothek, in der alle Funde von Wert gespeichert werden können. Ganz gleich, ob Sie Beiträge, Podcasts oder Videos aufstöbern, die Ihr Buch bereichern könnten, in Pocket können alle Inhalte archiviert werden, um sie zu einem späteren Zeitpunkt zu lesen. Störfaktoren wie Werbeeinblendungen oder ein verwirrendes Schriftbild werden nach Belieben von der App bereinigt. Sowohl Schriftarten als auch -kontext können personalisiert dem eigenen Leseerleben angepasst werden. Pocket ist außerdem eine echte Fundgrube für An- und Aufregendes: Artikel mit einer hohen Speicherquote werden von Pocket weiterempfohlen und erweitern so den eigenen Denk- und Wahrnehmungshorizont. *www.getpocket.com*

Neben den genannten Anwendungen gibt es noch eine Reihe weiterer, deren Funktionen jedoch weit über die hier beschriebenen hinausreichen. Zu den Apps, die Konzentration, Fokus und Produktivität maximieren können, zählen etwa Passwort Manager, Time Tracker für achtsames Zeitmanagement, Programme für Sprachmemos oder Smartphone Scanner, mit denen Sie all das festhalten können, was am Papier entstanden ist und sonst vielleicht verloren geht. Das Internet ist voll von Programmen, die Ihr Schaffen strukturieren und das Schreiben entlasten. Auch Artificial Intelligence (also künstliche Intelligenz, auch als KI bezeichnet) erschließt ein Feld neuer Möglichkeiten. Open AI Technologien wie ChatGPT halten Ihre Ideen nicht nur fest, sondern können Sie bei Bedarf sogar visualisieren. Die Technologie steht erst an ihrem Anfang, doch sie schreibt jetzt schon Geschichte.

Welches Tool Sie letztlich verwenden, bleibt Ihnen und Ihren Präferenzen überlassen. Wichtig ist, dass Sie mit Programmen arbeiten, die Ihnen Zeit ersparen, anstatt Zeit zu kosten. Wenn Sie fürs Digitalisieren Ihrer Texte mehr Zeit brauchen als fürs Schreiben, sollten Sie also überlegen, ob Sie sich auch für die für Sie richtige App entschieden haben. Selbstkritikern sei an dieser Stelle empfohlen, die Bewertung von Notizen tunlichst zu unterlassen. Speichern Sie alle Notizen, ganz gleich, ob sie nach Genie klingen oder nicht. Sie wissen nie, wofür Sie sie später noch brauchen werden.

Die besten Ideen werden aus Impulsen, Situationen und Beobachtungen heraus geboren. Schärfen Sie daher Ihren Blick für Ihre Umwelt. Sie werden Augen machen, wenn Sie erst näher hinschauen.

3.1.3 Die besten Plätze zum Ideensammeln

Was zunächst simpel und selbsterklärend erscheint, ist längst viel beachteter Forschungszugang der empirischen Sozialforschung. Denn Selbst- und Fremdbeobachtung sind gängige Methoden, wenn es um die Erforschung von menschlichem Verhalten geht. Und menschliches Verhalten ist es, das Autoren in ihren Büchern zu skizzieren versuchen. Protagonisten, Antagonisten, Beziehungen, Konflikte, Konstellationen, Charakter und Charakterentwicklung sind die Fasern Ihres literarischen Stoffs. Sie suchen noch nach spannendem Material für Ihr Werk? Dann machen Sie es wie die Sozialforscher und begeben Sie sich ins weite Feld der Beobachtung. Folgende Forschungsgegenstände bieten sich für Ihre nächsten Feldstudien an:

- **Menschen:** In seinem Buch *„Letzte Nacht in Twisted River"* beschreibt Bestsellerautor John Irving jenen Moment, in dem sich der Autor aus seinem Hauptprotagonisten, Danny, schält. Anstatt Akteur und Gestalter eines Moments wird Danny plötzlich zu dessen Beobachter. Am tatsächlichen Geschehen nimmt er nicht aktiv, sondern passiv teil. Er beginnt, die Menschen, deren Interaktion und Kommunikation zu beobachten – und sammelt dadurch Stoff für seine Bücher. Was Irving beschreibt, ist für einen versierten Schriftsteller ebenso gängige Praxis wie für einen Psychologen die Befragung. Beginnen Sie, die Menschen in Ihrem Umfeld bewusst zu beobachten. Ebenso wie in der Wissenschaft gilt in dieser Methode das oberste Objektivitätsgebot. Die Bewertung bleibt völlig außen vor. Denn gerade die Andersartigen, die Außenseiter sind es, die Ihre Leser interessieren. Suchen Sie die Begegnung mit Menschen, die komplett anders sind als Sie selbst. Sie stoßen sich an einer bestimmten Person? Perfekt, dann haben Sie Ihr nächstes Forschungsobjekt schon gefunden. Was ist es, was Ihnen an der Freundin Ihres Bruders missfällt? Ist es ihre Zurückgezogenheit, ihre Stille, ihr In-sich-gekehrt-Sein? Sind es ihre verschwiegenen Augen, die immer nur in bestimmten Momenten wach zu werden scheinen? Sammeln Sie die Ergebnisse Ihrer Beobachtungen unbedingt auch in Ihren Notizen. Vielleicht sind es genau diese bruchstückhaften Beobachtungen, die Ihren Figuren später den nötigen Feinschliff verleihen.

- **Verhalten:** Sich nervös in die Unterlippe beißen, sich aus Verlegenheit das Haar hinters Ohr streifen, erstaunt die Augenbrauen hochziehen – wenn wir Verhaltensweisen beschreiben, bedienen wir uns nur zu gern eines altbekannten, verbrauchten Repertoires. Um Figuren interessant zu beschreiben, sollten Sie sich bewusst nach Spleens, Marotten und auffälligen Verhaltensmustern umschauen. Vielleicht kennen Sie Personen, die gerne mit den Knöcheln knacken, mit Taschenmessern ihre Initialen in Tische ritzen oder das Haus erst verlassen können, nachdem sie sich im Vorraum dreimal um die eigene Achse gedreht haben? Sie schmunzeln? Gut so, denn genau das ist es, was Sie in Ihren

Lesern hervorrufen wollen: Emotion. Schreiben Sie alles nieder, was Ihnen an anderen Menschen ins Auge sticht. Sie werden es später brauchen, um Ihre Figuren mit Substanz zu füllen.

- **Situationen:** Skurrile Situationen begegnen uns im Alltag nur zu oft. In den meisten Fällen wundern wir uns, schütteln kurz den Kopf darüber und vergessen das Szenario, noch bevor wir überhaupt Gelegenheit hatten, es jemandem zu erzählen. Dabei gibt es unzählige Ereignisse, die Anlass zum Fantasieren geben könnten. Der Zugpassagier, der seinem Sitznachbarn wortlos den Snack aus den Händen reißt und verschlingt. Das Auto ohne Besitzer, das unvermittelt auf dem Parkplatz auftaucht und bis oben hin angefüllt ist mit Stofftieren. Die schwarze Katze, die jeden Tag zur gleichen Uhrzeit an der Kreuzung mit den kitschrosa Pelargonien wacht und ins Leere starrt. Schreiben Sie solche Momentaufnahmen unbedingt nieder und unterschätzen Sie deren Wirkung nicht. Mitunter sind schon ganze Bücher aus solchen Realitätsausschnitten entstanden.
- **Umgebung:** Unterziehen sie auch Ihre Umgebung einer näheren Betrachtung. Wenn Sie nur mit Bildern aus Ihrem Gedächtnis arbeiten, wird es Ihren Beschreibungen nicht nur an Vielfalt, sondern auch an Echtheit fehlen. Ist der Schnee wirklich immer nur weiß? Oder sind nicht manchmal auch Graustufen erkennbar? Mischen sich nicht manchmal auch die Farben menschlicher Existenz in verwaschenem Rot oder Gelb in die Schneemassen? Ist ein Blitz immer ein greller Lichtblitz oder zieht er sich nicht manchmal auch wie ein feiner, weißer Haarriss über den Himmel, bevor er wieder verschwindet? Beobachtungen und Beschreibungen der Natur und Umgebungslaunen sind übrigens auch eine praktikable Übung. Nutzen Sie jede Gelegenheit, um zu schreiben und zu beschreiben, was Sie sehen. Diese Aufgabe schärft nicht nur Ihre Wahrnehmung, sondern auch Ihren Sprachstil.

- **Selbstbeobachtung:** Reflektierte Menschen richten ihren Blick regelmäßig nach innen. Das Studium des eigenen Selbst ist nicht nur eine unfassbar spannende Angelegenheit, sondern sie bereichert auch das Verständnis für die Grundpfeiler menschlichen Verhaltens: Kognition, Emotion und Aktion, Denken, Fühlen und Handeln. Damit eine Figur realistisch wirkt, muss sie nachvollziehbar sein. Sind die Handlungsfolgen einer Figur nicht logisch oder wirken ihre Entscheidungen wahllos, so ist eine Identifikation mit ihr und damit ein Interesse an ihr nicht möglich. Beschäftigen Sie sich also mit sich selbst und schaffen Sie zunächst Figuren nach Ihrem eigenen Abbild. Betrachten Sie Introspektion, die Selbstbeobachtung, allerdings ausschließlich als Praxisübung und nicht als Pflichtprogramm für Ihr Buch. Andernfalls gefährden Sie die Varietät Ihres Werks, indem Sie alle Figuren und Figurenkonstellationen ausschließlich nach Ihrem Selbstportrait gestalten.

3.1.4 Wenn nichts mehr geht: Brainstorming

Brainstorming ist eine in den Fünfzigerjahren vom Werbefachmann Alex Osborn konzipierte Kreativitätstechnik, mit deren Hilfe Ideen entwickelt werden sollen. Ursprünglich als einschlägige Gruppenübung gedacht, wird der Begriff heute eher als Sammelbegriff für alle geläufigen Brainstormingmethoden, vom Mindmapping übers Brainwriting bis zum Pinnwandstecken, gebraucht. Das Konzept des kreativen Problemlösens, wie es von Osborn definiert wurde, war in seinen Anfängen primär auf Gruppen ausgelegt. Doch Brainstorming ist auch für den selbstreferentiellen Steppenwolf, der der Schriftsteller manchmal ist, eine bewährte Methode. Ziel ist es, durch assoziatives Denken so viele Ideen wie möglich zu generieren. Denn beim Brainstorming zählt vor allem die Quantität der Ideen, nicht die Qualität. Die Bewertung bzw. Verwerfung von Ideen erfolgt erst in einem nächsten Schritt.

Der Methodenpool des Brainstormings ist in den letzten Jahrzehnten, insbesondere im Hinblick auf die Effizienzgesellschaft, exponentiell gewachsen und reicht vom Rollenspiel bis zum Stille-Post-Prinzip im Papierformat. Für Autoren sei an dieser Stelle die Idee des **Mindmappings** herausgegriffen. Das Mindmapping mag eine allseits bekannte Praxis sein, doch hat die Digitalisierung die Technik auf ein neues Niveau gehoben.

Das klassische Grundprinzip des Mindmappings ist so simpel wie effizient. Im Mittelpunkt steht immer ein spezifisches Thema. Im Falle der Ideenfindung kann das sowohl ein Motiv als auch ein Schauplatz oder eine Figur sein. Stellen Sie sich zum Beispiel vor, Sie wollen einen Egomanen als Hauptfigur. Noch können Sie Ihre Figur nicht erkennen, doch Ihr Umriss ist gewiss. Vorerst genügt Ihre Faszination für die Type. Damit die Figur an Kontur und Farbe gewinnt, bedienen Sie sich der Technik des Mindmappings. In diesem Fall platzieren Sie den Begriff des Egomanen mittig auf ein Papier oder ein Flipchart. Im nächsten Schritt stellen Sie so viele Assoziationen wie möglich zu dem Begriff des Egomanen her. Schreiben Sie alle Begriffe, die Ihnen in den Sinn kommen, ohne Begrenzung oder Bewertung nieder. Dabei braucht es kein festes Kategoriensystem oder Schemadenken. „Mann", „Frau", „Einzelkind", „Einzelkämpfer", „Unternehmer", „Erfolgsmodell", „Einzelgänger", „Introversion", „Philosoph", „Denker", „Rationalist" etc. – was Ihnen auch einfällt, schreiben Sie es nieder. Erst auf der nächsten Ebene des Mindmappings gilt es, das Geschriebene auch mit Gehalt zu füllen.

Hier kommt Ihnen die Digitalisierung zu Hilfe. Denn wer eine Skizze für sein Buch anfertigt, kommt schnell an seine logistischen

Grenzen. Mit modernen Tools wie **Ayoa** (*www.ayoa.com*) oder **Evernote** (*www.evernote.com*) können Sie Ihre Gedankenstränge nicht nur digitalisieren, sondern auch noch mit Beschreibungen, Bildern, Videos oder Audiofiles verknüpfen. Tools wie Ayoa erlauben es, die Gedankenblasen am Bildschirm mit Inhalten zu füllen. Großformatigen Begriffen wie „Frau" oder „Mann" können Sie mit Bildern, die Sie bei Ihrer Google-Recherche entdecken, eine visuelle Konnotation verleihen. Vielleicht gibt es ein Gesicht, das Ihrer Vorstellung entspricht und das Sie als Vorlage für Ihre Romanfigur verwenden wollen. Durch welche Persönlichkeitsmerkmale ist die „Introversion" geprägt? Wollen Sie mit Klischees arbeiten oder Ihrer Figur mit gewissenhafter Tiefenrecherche mehr Dichte verschaffen?

Vor allem die Ergebnisse der Recherchearbeit können mithilfe moderner Mindmapping-Tools systematisch geordnet, kategorisiert und gespeichert werden. Und Recherche ist eine Vorarbeit, die Sie nicht nur zur Ideenfindung, sondern auch in Anbetracht eines flüssigen, vorwärtsstrebenden Schreibens unbedingt leisten müssen.

RECHERCHE

> „Man findet oftmals mehr,
> als man zu finden glaubt."
> Pierre Corneille

Während Ideen die Impulse liefern, liefert Recherche schon konkretes Rohmaterial. Zwar können Sie sich beim Schreiben auch Ihres persönlichen Wissenshorizonts bedienen, jedoch ersetzt keine Bildung die persönliche Kenntnis vom Gegenstand der Beschreibung. Recherche ist übrigens keine Frage des Genres. Die Relevanz präziser Recherche beschränkt sich nicht nur auf Nonfiction. Auch und vor allem Fantasyromane wollen penibel recherchiert sein.

Denken Sie hier zum Beispiel an den Bestsellerautor George R. R. Martin. Fans von *„Das Lied von Eis und Feuer"* sind mit der Akribie des kreativen Genies bestens vertraut. Die Welt von Westeros lässt sich allerdings nicht ausschließlich auf die Fantasie des Autors zurückführen. Viele Schauplätze, Szenen, Gegenstände, Protagonisten oder auch Traditionen sind klar kennzeichnende Elemente des Mittelalters. Die Eisenmänner etwa, jene grobschlächtigen Charaktere, die im schroffen Einzugsgebiet der Eiseninseln beheimatet sind, fahren nicht einfach nur mit Schiffen auf See. Sie ziehen mit Barken, Koggen, Dromonen oder Galeonen in den Krieg. Ebenso gewichtig erscheinen Details bei der Beschreibung von Wappen, Wamsen oder Waffen. Ohne Recherche, wenn nicht Tiefenrecherche des Altertums, hätte eine derart akribische Differenzierung nie vorgenommen werden können. Insofern sollten Sie sich also, unabhängig vom Genre, auf eine intensive Rechercheaktivität einstellen.

Wichtig ist die Recherche auch zur Gewährleistung eines ungehinderten Schreibflusses. Kaum etwas reißt Sie so sehr aus dem Geschehen wie die Erkenntnis, dass Ihnen die für die Beschreibung der Szene notwendige Information noch fehlt. Beim konzentrierten Schreiben jagt nicht selten ein Gedanke den nächsten. Unterbrechen wir den Prozess, gefährden wir nicht nur die natürliche Entwicklung des Geschehens, sondern auch spontane, originelle Einfälle, die dem Werk vielleicht noch mehr Echtheit verliehen hätten.

Selbstverständlich lässt sich nicht jede Szene bis ins subtilste Detail planen. Doch sollte das auch nicht das Ziel Ihrer Recherche sein. Wichtig ist es, ein komfortables Mittelmaß zwischen Fakt und Fantasie, zwischen Realem und Surrealem zu finden. Ihre Charaktere erwählen sich die spanische Sagrada Família zum Treffpunkt für ihr geheimes Tête-à-Tête? Dann sollten Sie die markante Kirchenarchitektur des Meisterwerks von Gaudí schon vor dem Niederschreiben der Szene studieren. Für den Austausch sensibler Informationen bietet sich ein entlegener Winkel vielleicht eher an. Treffen sich die beiden Geheimniswahrer in der Abgelegenheit einer Kapelle? Gelingt ihnen ein unauffälliger Auftritt in der Krypta? Oder bevorzugen die beiden Protagonisten doch die belebte Atmosphäre um den Altar, unter dem allsehenden Auge Gaudís? Vor allem für Plätze, die Ihrem Publikum geläufig sein könnten, ist gewissenhafte Recherche oberstes Gebot. Doch auch, um Ihren Schauplätzen mehr Schliff zu verleihen, ist gute Recherche unabdinglich.

Kreative Freiheit in Gaudí'schem Ausmaß können Sie natürlich bei der Gestaltung fiktiver Räume walten lassen. Wie die Wohnung Ihres Hauptprotagonisten aussieht, bleibt Ihnen ebenso überlassen wie dessen Bürstenschnitt oder Bartrasur.

Doch selbst die Realität dürfen Sie ruhig ein wenig verzerren. Bestehendes ist statisch, doch können Sie durchaus Details dazudichten. Angewendet auf das Beispiel mit der Sagrada Família kann das bedeuten, dass sich die beiden Protagonisten in einem Geheimgang treffen, von dem der Öffentlichkeit nichts bekannt ist. Ein Kompromiss, der Ihr Publikum sowohl auf der Ebene der Faktizität als auch auf der der Fiktionalität befriedigen dürfte.

Wahre Meister der Recherche sind investigative Journalisten, die selbst jene Quellen finden, die längst versiegt zu sein scheinen. Autoren können viel von ihnen lernen. In seinem Buch *„Die 50 Werkzeuge für gutes Schreiben"* betont Roy Peter Clark zum Beispiel die Vorbildfunktion von Sportjournalisten. Die *„Bereitschaftsweltmeister",* wie Clark sie nennt, bereiten ihre Beiträge schon vor dem eigentlichen Sportereignis vor. Um dem Aktualitätsanspruch einer Zeitung oder Onlinezeitung, wie ihn die Leserschaft stellt, gerecht zu werden, muss das Ergebnis eines Großereignisses wie einer Weltmeisterschaft oder Olympiade sofort berichtet werden. Zu diesem Zweck bereiten Sportjournalisten Textfragmente vor, die sie für jeden möglichen Ausgang in kalkulierten Tastaturanschlägen adaptieren können. Die Recherchearbeit ist immens aufwendig, muss doch für jeden potenziellen Gewinner eine journalistische Schablone vorproduziert werden. Erst wenn das Ergebnis feststeht, wird die Story in die Schablone eingefasst. Gewissenhafte Recherche unterfüttert den Text nicht nur mit Hintergrundinformationen, sondern wertet ihn auch noch von einer reinen Informations- zur Unterhaltungslektüre auf.

Darin liegt übrigens eine weitere positive Eigenschaft der Recherche: Quellen speisen nicht nur bestehende Ideen, sondern lassen auch neue sprießen. Mit jeder neuen Information besteht zugleich auch die Chance auf neue Inspiration. Redakteure stoßen oft erst durch die Sammlung und Sichtung von Rohstoff auf weitere wertvolle Informationen. Journalisten gewinnen durch neue Details auch neue Fakten. Sie als Schriftsteller gewinnen nicht nur neue Fakten, sondern auch neue Fiktion. Detail für Detail eröffnen sich Ihnen noch mehr Möglichkeiten.

Vielleicht schicken Sie Ihre Protagonisten in Gedanken zum Pilzesuchen in den Wald. Um den Pilz, den Ihre Figuren zufällig finden, besser beschreiben zu können, suchen Sie ihn im Internet. Bei Ihrer Recherche stoßen Sie plötzlich auf einen Artikel, der dem Pilz eine psychoaktive Wirkung zuschreibt. Wie schnell verändert sich die Szene, die sie eigentlich schreiben wollten? Ein kleines Detail, eine einzige Eigenschaft reicht schon aus, um Ihrem Buch einen kräftigen Handlungsanstoß zu geben. Roy Peter Clark verweist in diesem Zusammenhang auch auf Dorothea Brande, eine amerikanische Schriftstellerin und Journalistin, die einen ähnlichen Mehrwert in der Recherche erkannt hat:

„Sie sollen wohlgemerkt noch nicht schreiben. Sie arbeiten zunächst nur vorbereitend. Ein oder zwei Tage lang vertiefen Sie sich in die Einzelheiten; Sie werden bewusst darüber nachdenken und sich, falls nötig, in weiterführender Literatur ergänzende Fakten besorgen. Dann werden Sie davon träumen. (…) Es wird Ihnen vorkommen, als gäbe es unendlich viele offene Fragen. Wie sieht die Heldin aus? War sie ein Einzelkind oder das älteste von vielen? Welche Schulbildung hat sie? Arbeitet sie?"

Erkennen Sie die Chance, die in dem Bemühen liegt, jede Frage, die Sie an Ihr Buch stellen, ergiebig zu beantworten? Betrachten Sie die Recherche nicht als mühevolle Pflichtübung, sondern als Potenzial – und Ihr Buch wird nicht nur an Gründlichkeit wachsen, sondern auch an Umfang.

4.1 Schreibwerkstatt: So recherchieren Sie richtig

Das Zeitalter des Internets hat eine regelrechte Revolution der Recherchemethoden eingeläutet. Was früher noch in kontemplativer Manier in Archiven, Bibliotheken oder Bilddatenbanken gesucht werden musste, findet man heute in wenigen Sekunden in jeder gängigen Suchmaschine. Nichtsdestotrotz hat sich auch der Stellenwert bewährter Recherchemodi erhalten. Zeitzeugen zum Beispiel fördern Wahrheiten zutage, von denen selbst das Internet noch etwas lernen könnte. Und auch für die gegenständliche Erfahrung ist das Erleben vor Ort unumgänglich. In der Regel richtet sich die Recherchemethode aber nach dem Rechercheobjekt. Anhaltspunkte für neue oder vielleicht schon in Vergessenheit geratene Recherchequellen haben wir in dieser Übersicht für Sie gebündelt.

4.1.1 Online

- **Suchmaschinen:** Das Internet mag eine erquickende Quelle sein, doch unterschätzen Sie nicht die Kompetenz, die es für eine Onlinerecherche braucht. Schon das Ranking einer Suchmaschine beeinflusst die Objektivität, mit der Sie Ihr Rechercheobjekt betrachten können. Nicht mit Sicherheit wird Ihnen alles Wissenswerte zu einem bestimmten Themenfeld ausgespielt. Für einen Roman, in dem die Fantasie über dem Objektivitätsgebot stehen sollte, bietet das Internet als erstes Such- und Inspirationstool sicherlich Mehrwert. Wenn Sie hingegen ein Sachbuch schreiben, sollten Sie sich auf validere Quellen verlassen. Eine wertvolle Ergänzung zur gängigen Suchpraxis auf Google stellt das erweiterte Wissen von **Google Scholar** (http://scholar.google.de) dar. Hierbei handelt es sich um eine

Suchmaschine für kostenlose sowie kostenpflichtige Wissenschaftsdokumente in Vollversion. Im Gegensatz zu akademischen Datenbanken verfügt Google Scholar über sensiblere Suchmechanismen. Während die Suchmechanismen klassischer Datenbanken auf die Schlagwortsuche beschränkt sind, bietet Google mit der Volltextsuche weitaus effizientere Ergebnisse. Zusätzlich schafft ein eigenes Google-Scholar-Ranking, das die Wissenschaftlichkeit einer Arbeit bewertet, Orientierung. Wenn es schnell gehen soll, sorgt **Google Books** (*https://books.google.de*) für Bücher in Vollversion. Zum Teil stellt Google die digitalisierten Inhalte sogar kostenlos zur Verfügung.

- **Foren:** Insbesondere für Neuautoren ist der stete Erfahrungsaustausch unerlässlich. Foren sind immer noch eine ertragreiche Quelle für Feedback, Informationen sowie Fort- und Weiterbildung. Der Vorteil von Onlineforen besteht in der direkten Kommunikation mit der Community. Populäre Foren, zum Beispiel das Deutsche Schriftstellerforum, kurz DSFO, decken alle Bereiche ab, in die ein Schriftsteller vorzudringen versucht. Literaturtipps werden Sie in einem Forum ebenso finden wie Gleichgesinnte, deren direktes, ehrliches Feedback Sie erwarten dürfen. Vor allem die gegenseitige Weiterbildung durch Erfahrungswerte ist es, was Foren so wertvoll macht. Für die Recherche leisten Foren ebenso einen unermesslichen Beitrag. Der Erfahrungsaustausch trägt sich immerhin nicht nur zwischen Schriftstellern, sondern zwischen Menschen zu. Durch das Knüpfen von Kontakten dringt man mitunter in Metiers vor, die einem vorher verschlossen waren. Sucht man zum Beispiel einen Landschaftsarchitekten, um eine Nebenfigur mit mehr Authentizität auszustatten, kann man durchaus auch in einem Forum einen entsprechenden Aufruf starten. Angehende Schriftsteller sollten eine Forenaktivität aber auch aufgrund anderer Benefits in Betracht ziehen. Drei der wichtigsten Foren stellen wir Ihnen hier vor:

- ✓ **Deutsches Schriftstellerforum (DSFO):** *„Diese Plattform ist gleichsam Palast, Heim, Domizil, Talentschmiede und Hobby-Lektorat für Autorinnen und Autorinnen, Schriftstellerinnen und Schriftsteller. Nicht nur für solche, die es werden wollen, sondern auch für jene, die es bereits sind."* Gelauncht wurde das Deutsche Schriftstellerforum, das User mit diesem Begrüßungstext in seine virtuellen Weiten einlädt, im Jahr 2006. Seither statteten der Plattform schon mehrere Millionen Menschen mit schriftstellerischem Informationsbedarf einen Besuch ab. Ihre Interessensgruppe versorgen die Forenmitglieder mit Informationen zu Verlagen, Verlegern und Agenturen, zu Literaturausschreibungen und Pflichtlektüre, zu Techniken und Grundlagen des Schreibens sowie mit unzähligen Praxisübungen. Von Schreibblockaden und -krisen Betroffene entledigen sich in einem entsprechenden Thread ihres Kummers. Selbstzweifel werden außerdem durch laufende Feedbackprozesse überwunden. Das Forum bietet die Möglichkeit, eigene Textproben und Plots mit der Community zu teilen und an deren konstruktiver Kritik zu wachsen. *www.dsfo.de*
- ✓ **Montségur Autorenforum:** Mit rund 450.000 Beiträgen darf sich das Montségur-Forum zu Recht als eines der einflussreichsten Autorenforen im deutschen Sprachraum bezeichnen. Die Themenwelten sind ähnlich wie die des Deutschen Schriftstellerforums. Auch hier tauschen sich Autoren in zahlreichen Zirkeln zu Büchern, Techniken, Textproben, Branchennews und Publikationsarten aus. Die Vernetzung mit namhaften Verbänden wie dem *„Verband deutscher Schriftstellerinnen und Schriftsteller"* oder den *„Autorinnen und Autoren der Schweiz"* verschafft außerdem Kontakte, die später einmal von Bedeutung sein können. *www.montsegur.de*

- ✓ **Leselupe:** Mehr als 150.000 Lesern monatlich versorgt die Leselupe mit User-generated-content. Das Forum fungiert für Autoren praktisch als erste Publikationsplattform. Unter anderem wird jeden Monat das *„Werk des Monats"* mit prominenter Platzierung auf der Website ausgezeichnet. Feedback, mitunter auch von Lektoren, die ehrenamtlich für das Forum aktiv sind, schafft Distanz zum eigenen Werk und damit auch das für einen seriösen Schriftsteller ein Leben lang erstrebenswerte Verbesserungspotenzial. *www.leselupe.de*
- ✓ **42er Autoren:** Eine Kommunikationsplattform für Autoren im Internet stellt der Verein 42er Autoren zur Verfügung. Auch hier finden Sie wertvolle Informationen zum Schreiben, Veröffentlichen und Vermarkten Ihres Buchs. Offene Fragen zur Impressumspflicht auf der eigenen Website oder zum besten Podcast für Autoren werden mit dem Schwarmwissen von mehr als 500 Mitgliedern beantwortet. Ein Unikum ist die wöchentliche Besprechungsgruppe, der Mutige ihr Werk zur gemeinsamen Reflexion vorlegen können. Eine Buchbesprechung in illustrer Runde ist außerdem eine einmalige Gelegenheit, erste Rechercheergebnisse von Experten bewerten zu lassen. *www.42er-autoren.de*
- ✓ **Booklookerforum:** Einen reichen Fundus an Wissen verspricht das Booklookerforum. Auf dem Marktplatz für gebrauchte und antiquarische Bücher können Sie Seltenes wie Erstausgaben, Sonderausgaben oder alte Stadtkarten aufstöbern. Der Reichtum an Sammelobjekten, die vor allem für Biografen von Interesse sein dürften, ist unerschöpflich und spornt zu neuen Romanprojekten an. *www.booklookerforum.de*
- • **Podcasts und Blogs:** Neben der Vielzahl an Foren, die sich dem Schreiben widmen, unterstützen unzählige Podcasts, Blogs und andere Plattformen die Rechercheambition von Autoren. Zu

den besten Plattformen für schreibwütiges Publikum zählen unter anderem „Die Schreibdilettanten" *(www.dieschreibdilettanten.de)*, deren Podcast und Youtube-Kanal vor allem Krimi- und Thrillerautoren zu empfehlen ist. Bei „Schreib einfach!", dem Podcast von Autorin und Schreibcoachin Anabelle Stehl und Urban-Fantasy-Autorin Nicole Böhm, ist der Name Programm. Schreibcoach Andreas Schuster wendet sich in seinem Podcast „Schreiben und Leben" *(www.schreiben-und-leben.de)* allen Fragen zu, die man sich über das Schreiben nur stellen kann. Unter den englischsprachigen Podcasts sind „Writing Excuses" *(www.writingexcuses.com)* und „The Creative Penn" *(www.thecreativepenn.com)* als jene Formate zu nennen, die in der Playlist von Autoren nicht fehlen sollten. Bei der Tiefenrecherche profitieren Schriftsteller von sogenannten Special-Interest-Medien, die weniger populäre Themen behandeln. Paranormale Phänomene zum Beispiel sind sicher ein Bereich, der sich der allgemeinen Alltagserfahrung entzieht. Hier können Blogs und Podcasts zu Grenzwissenschaften einen wertvollen Beitrag leisten. Zumeist liefern Special-Interest-Plattformen nicht nur Antworten, sondern auch neue Anhaltspunkte und Impulse. Ideengeber sind Blogs zum Beispiel für Rechercheansätze der nächsten Stufe, in denen Interviewpartner oder Nischenliteratur der Recherche am Bildschirm vorgezogen werden. Spannende Podcasts als Pforte in die unerschöpfliche Welt des Wissens finden Sie auf Spotify *(www.spotify.com)*, Audible *(www.audible.de)* oder den klassischem Plattformen Google Podcasts, Apple Podcasts oder auf Youtube in Form von Videopodcasts.

- **Facebook, Instagram, Tiktok & Co:** Die Zugkraft, die von Social-Media-Plattformen ausgeht, ist nicht zu unterschätzen. Einerseits öffnen sie ein Fenster zur Sekundärrealität, die die Primärrealität auch aus der Distanz erfahrbar macht. So erweist sich zum Beispiel die Hashtagsuche auf **Instagram** als überaus wertvoll, will man Kulissen für die eigene Geschichte gewinnen. Die Suche nach Orten zum Beispiel ermöglicht Einblick in ausgewählte Etablissements am anderen Ende der Welt. Archetypische Cafés und Lokale lassen sich in Bildern, Storys und Kurzvideos, Reels genannt, ebenso aufstöbern wie Aussichtsplattformen oder Almwiesen. Andererseits besteht auch Kontaktpotenzial mit Personen, die vormals aufgrund von räumlicher oder sozialer Entfernung außerhalb der eigenen Reichweite lagen. Sie wollen mehr über eine Person des öffentlichen Lebens erfahren? Versuchen Sie es mit einer Privatnachricht auf **Facebook, Instagram** oder auch **LinkedIn** und **Xing.** Letztere versprechen als B2B-Portale die einfache Kontaktaufnahme mit Experten aus allen Wissens- und Fachgebieten. Sie werden überrascht sein, wie nah Social Media selbst unerreichbare Persönlichkeiten erscheinen lässt. Und auch Tiktok ist mit inzwischen mehr als einer Milliarde Nutzer ein weit offen stehendes Fenster zur Welt. Für die Konstruktion und Rekonstruktion von Objekten bietet **Pinterest** die passenden Bildwelten. Die App erübrigt Impressionen im Überfluss und bietet einen unendlichen Vorrat an Vorlagen für Stillleben in Wort und Schrift. **X**, ehemals Twitter, ist die Anlaufstelle für Recherche, die auf Aktualität angewiesen ist. Für Ratgeber- und Sachbuchautoren ist X eine unentbehrliche Quelle für Zahlen, Daten und Fakten. Auch gewissenhafte Journalisten greifen bei der Recherche gerne auf X zurück, da spannende Suchergebnisse in sogenannten TweetDecks strukturiert, gespeichert und nach Hashtags gefiltert werden können.

- **Künstliche Intelligenz:** Worin unterscheidet sich eine Kaiserkrone von einer Herzogskrone? Ist African Blackwood wirklich die teuerste Holzart? Und wie viele Bienen frisst ein Bienenfresser pro Tag? Antworten auf akute Fragen, die bei der Weltgestaltung der eigenen Geschichte auftreten können, liefern künstliche Intelligenzen in Sekundenschnelle. Das populärste Programm für intelligente Recherche ist sicher ChatGPT *(www.openai.com)*.

- **Elektronische Zeitschriftenbibliothek (EZB) und Bibliothekskataloge:** Ein wahrer Ideenspeicher verbirgt sich in der Elektronischen Zeitschriftenbibliothek. Die EZB ist eine Datenbank wissenschaftlicher Zeitschriften, die von Fachbereichsbibliotheken und Forschungseinrichtungen gespeist wird. Insgesamt sind in der EZB mehr als 108.000 Texte in Vollversion verfügbar, von denen Sie rund 72.000 kostenlos einsehen können. Die Auswahl an Fachgebieten, in denen Sie stöbern können, ist ein einziges Rechercheparadies. Fachzeitschriften aus den Bereichen Sprach- und Literaturwissenschaft, Anglistik, Archäologie, Kunstgeschichte, Medizin oder Psychologie dürften nicht nur Leser-, sondern auch eigene Interessen zufriedenstellend stillen. Für die gelungene Recherche bedarf es zwar einiger Skills. Autodidakten werden mit der Datenbanknutzung aber nicht überfordert sein. Die EZB wird primär von der Universität Regensburg betreut und ist unter dem etwas umständlichen Link *https://rzblx1.uni-regensburg.de* verfügbar. Neben der EZB bieten aber auch allgemeine Bibliothekskataloge eine anschauliche Textdichte. Nachdem die Recherche in Onlinekatalogen doch recht anspruchsvoll sein kann – die Fülle an Textmaterial ist schier unglaublich –, bieten Bibliotheken oftmals auch Rechercheseminare an. Dieses Angebot sollten vor allem Autoren, die an Historienromanen oder Biografien arbeiten, auf keinen Fall ausschlagen.

4.1.2 Offline

Analoge Recherche mag nicht mehr en vogue sein, empfehlenswert ist sie jedoch allemal. Insbesondere wenn wir etwas eindringlich beschreiben wollen, was sich der direkten Erfahrbarkeit entzieht, ist die reale der virtuellen Welt vorzuziehen. Nicht zu unterschätzen ist außerdem die Wirkung, die ein frischer Eindruck auf uns haben kann. Neue Umgebungen, Menschen und Situationen inspirieren auch zu Ausschweifungen der Fantasie. Um gute Geschichten zu schreiben, müssen Sie Ihrer Kreativität bewusst auch Pausen gönnen. Die zuvor erwähnte Schriftstellerin und Journalistin Dorothea Brande befürwortete überhaupt eine völlige Loslösung von Literaturrezeption und -produktion in der Freizeit. Um Sprache und Stil frisch und lebendig zu halten, brauche es ihrer Meinung nach auch Abstand von der Welt des geschriebenen Worts. Ein paar Rechercheansätze in Offlinesphären halten wir hier für Sie bereit:

- **Bibliotheken:** Bibliotheken sind die Ruhezonen der Recherchewelt. Sie werden kaum einen Ort finden, der so viel Zurückgezogenheit, Ruhe und Geduld aufbietet wie eine Bibliothek. Darüber hinaus sind Bibliotheken der Schlüssel zu Wissen, das nicht in digitalisierten Räumen aufgebahrt liegt. Vor allem, wenn Sie Historisches forschen wollen, werden Sie in den zahlreichen Archiven von Bibliotheken und Fachbereichsbibliotheken fündig werden. Stumme Zeitzeugen, die viel zu sagen haben, finden Sie in den umfangreichen Zeitungs- und Zeitschriftensammlungen. Der Wissensvorrat von Bibliotheken ist übrigens kostenlos. Greifen Sie zu. Sie werden es nicht bereuen.
- **Museum:** Die Vielfalt an Museen ist der ihrer Exponate ebenbürtig. Die Auswahl reicht vom Kunst- übers Literatur-, Bezirks-, Fälscher-, Feuerwehr-, Film-, Geld-, Kaffee-, Porzellan-, Papyrus-,

Puppen- und Rauchfangkehrer- bis zum Müllmuseum. Ein Museum birgt auch die mobilisierende Kraft zu einem ersten Gedankenanstoß. Hier werden Sie etwas finden, ohne etwas Konkretes gesucht zu haben. Womöglich wollen Sie ein Buch schreiben, das sich im Milieu von Kleinkriminellen zuträgt, Ihnen fehlt aber noch eine bestimmte Idee? Dann stöbern Sie doch zum Beispiel in einem Fälschermuseum zwischen Stil- und Totalfälschungen. Vielleicht begegnen Sie inmitten von Plagiaten erstmals Ihrer Hauptfigur. Anstatt auf klassische, kommerzielle Ausstellungen zu setzen, sollten Sie sich in Zukunft außerdem in den Bereich der Sonderausstellungen vertiefen. Oftmals verlangen auch die Berufe, mit denen Sie Ihre Protagonisten etikettieren, ein Mindestausmaß an Recherche. Der engagierte Fotojournalist, der in den Goldenen Zwanzigern sein Glück sucht, sollte zumindest peripher mit Begriffen aus der Kunst der Radierung und des Kupferstichs vertraut sein. Greifbar wird ein solches Metier zum Beispiel in der Sonderausstellung eines Museums, das sich auf Fotografie, Fotojournalismus und Druckgrafiken spezialisiert hat.

- **Antiquariat:** Kennen Sie Donna Tartts Meisterwerk *„Der Distelfink"*? Mit ihrem Bestseller gelingt Tartt der Kunstgriff, einen ganzen Roman um ein einziges Objekt aufzuspannen. Anfangs- und Endpunkt allen Geschehens ist ein Gemälde des Rembrandt-Schülers Carel Fabritius mit dem Titel *„Der Distelfink"*. Der Roman beweist, dass schon das Recherchematerial zu nur einem Gegenstand ausreicht, um ein ganzes Buch daraus zu schaffen. Flanieren Sie also bei nächster Gelegenheit wieder einmal über einen Flohmarkt oder atmen Sie in den Nostalgiegeschäften verquerer Seitengassen den Geruch von Antiquitäten. Wenn Sie noch nach einem Objekt suchen, das sich als Symbolträger Ihres Werks vergegenständlichen soll, sind Sie bei Antiquitätenhändlern an der richtigen Adresse.

- **Schauplätze:** Sammeln Sie Orte, keine Souvenirs. Um Schauplätze zu beschreiben, reicht manchmal schon die Bildrecherche im Internet. Wenn ein Ort aber einen besonderen Stellenwert im Leben einer Figur einnehmen soll, braucht es schon einen schärferen Blick. Die Jugendfreunde, die ihre Mitternachtstreffen in eine Waldhöhle verlegen, verdienen mehr als eine klischeehafte Kulisse. Um Ihre Szene lebendig zu gestalten, sollten Sie die Vor-Ort-Recherche nicht vernachlässigen. Viel mehr als das rein visuelle zählt auch das atmosphärische Erfahren. Suchen Sie sie also auf, die entlegene Höhle im Wald, fühlen Sie die Kälte des Gesteins und lauschen Sie dem Röcheln des Bachs, der im Hohlraum hinter der Wand versiegt. Wenn es um Szenenbeschreibungen geht, scheuen Sie sich nicht vor einem Abenteuer. Ihre Leser werden es durchschauen, wenn Sie schummeln.
- **Personen:** Ob Zeugen der Gegenwart oder der Zukunft, suchen Sie das Gespräch mit Menschen, die die Zeitgeschichte mit Kennerblick verfolgen. Ziehen Sie nicht nur Interviews mit Zeitzeugen, sondern auch mit Experten, Wissenschaftern, Berufsvertretern oder Betroffenen in Betracht. Wenn Ihre Protagonistin Pharmazeutin ist, werden Sie mehr über deren Alltagsbanalitäten erfahren, wenn Sie das persönliche Gespräch mit einer solchen suchen. Spezifische Wissenschaftsbereiche durchdringen Sie mitunter nur durch den Blick eines Professionisten. Martin Suter zum Beispiel hat für seinen Roman *„Elefant"* regelmäßigen Kontakt mit einem Alzheimerforscher gepflegt, der ihm das Gentechnikprinzip hinter leuchtenden Tieren, sogenannten *„Glowing Animals",* begreiflich gemacht hat. Auch das Expertengespräch befähigte Suter dazu, aus der Gentechnikdebatte einen kleinen, rosaroten Minielefanten zu formulieren. Natürlich hatte auch die Fiktion einen erheblichen Anteil daran. Doch die Möglichkeiten der Gentechnik erschlossen sich Suter

erst durch die Konsultation eines Gelehrten. Nehmen Sie sich ein Beispiel und forschen Sie in fremden Gesichtern.

- **Biografien:** Gibt es berühmte Persönlichkeiten, die Sie inspirieren? Sie wären nicht der erste Vertreter der Fiktion, der sein Wissen zu einer faktenbasierten Biografie verarbeitet. Schon der österreichische Schriftsteller Stefan Zweig hat sich berühmter Persönlichkeiten wie Marie Antoinette, Maria Stuart oder Michel de Montaigne angenommen. Biografien bieten aber auch üppiges Recherchematerial. Meistens gewinnt man Einblick in das Umfeld von Menschen, die sich in anderen Gefilden bewegen. Haupt- und Randakteure stehen außerdem genügsam Modell für Ihre individuelle Figurenstudie. Doch nicht nur eine fremde, sondern auch Ihre eigene Biografie sollte Sie zum Nachforschen anhalten. Haben Sie schon einmal Stammbaumforschung betrieben? Suchen Sie in Ihrer Genealogie, in Ihren Wurzeln nach interessanten Lebensgeschichten. Sie wären nicht der Erste, der jenen Stoff, der in den eigenen Dachböden, Fotoalben, Liebesbriefen oder Sofaritzen nistet, zu einem Roman verarbeitet.
- **Zielgruppe:** Kennen Sie Ihre Zielgruppe! Ein Claim, der eigentlich dem Marketing entnommen ist, sollte auch Ihnen Postulat sein. Je nach Genre differenzieren Sie auch Ihre Interessensgruppe. Zwar mag der Ansatz vor allem auf Romantiker rational wirken, dennoch ist er essenziell. Für Ihre Leser macht es sehr wohl einen Unterschied, ob Sie Fiction oder Nonfiction, Kinder- oder Jugendliteratur, einen Liebes- oder Historienroman schreiben. Der Vorteil der Zielgruppenrecherche besteht in der zielgerichteten Stil- und auch Inhaltsgestaltung. Studieren Sie schon vorab die Interessen Ihrer zukünftigen Leser. Darin finden Sie auch den Stoff, dessen Weiterverfolgung und -verarbeitung sich lohnt. Welche Themen beschäftigt die Babyboomers? Womit hadert die Generation Y? Nach welchen Kriterien wählen

gewissenhafte Eltern Kinderbücher aus? Und wie ist es um das Bücherangebot im Bereich Fair Fashion bestellt? Studieren Sie Trends in Zeitungen, Zeitschriften und Umfragen aus der Markt- und Meinungsforschung. Finden Sie heraus, was Ihre Zielgruppe bewegt und bauen Sie Ihr literarisches Motiv auf Ihren Rechercheergebnissen auf.

Das Recherchieren gehört zum Schreiben wie das Schneiden zum Film. Freunden Sie sich mit der Recherche als elementarer Prozessebene an und widmen Sie ihr ausreichend Raum. Wenn Sie vor dem Schreiben ein entsprechendes Zeitkontingent investieren, werden Sie sich nachher umso schneller bis zur ersehnten letzten Zeile tippen.

Greifen Sie beim Recherchieren unbedingt auch auf die oben aufgelisteten Mindmapping-Programme zurück. Die Verknüpfung und Verdichtung von Ideen mit Details kann auch Spaß machen. Lassen Sie sich auf die Recherche ein. Man weiß nie, was man entdeckt.

4.2 Exkurs Nonfiction

Wenn Sie ein Sachbuch schreiben, können Sie grundsätzlich auf die gleichen Recherchemethoden zurückgreifen. Dennoch sollten Sie nicht blind auf die Ihnen zur Verfügung stehenden Quellen vertrauen. Gerade in Bereichen wie Ernährung, Medizin oder Nachhaltigkeit kann schlechte Recherche nicht nur rufschädigend, sondern schlimmstenfalls sogar fahrlässig sein. Ihre Leser vertrauen auf Ihre Fachkompetenz und folgen Ihrem Rat. Folgende Aspekte sollten Sie für Ihre Rechercheaktivität daher außerdem berücksichtigen:

- **Quellen:** Wenn Sie Studien oder wissenschaftliche Arbeiten durchforsten, sollten Sie aus zweierlei Gründen einen Blick auf die Quellen werfen. Erstens, weil nicht jede wissenschaftliche

Quelle zitierwürdig ist. Manche Arbeiten entsprechen nicht der wissenschaftlichen Qualität, die an sie gestellt wird. Darunter fallen zum Beispiel Tertiärquellen, deren ursprüngliche Quelle unauffindbar ist, oder Onlineartikel und -statistiken, die vor zehn Jahren veröffentlicht wurden und deren Aktualität nicht mehr gegeben ist. Zweitens, weil Sie vielleicht erst in den Quellenangaben auf interessantes Material stoßen, das Sie vorher vielleicht noch nicht in Betracht gezogen haben. Darüber hinaus ist es unbedingt erforderlich, dass Sie alle von Ihnen genutzten Quellen in einem übersichtlichen Literaturverzeichnis festhalten. Plagiate sind ein schweres Vergehen und können, auch wenn sie unwissentlich passiert sind, Ihren Erfolg und Ruf nachhaltig schädigen. Legen Sie außerdem von Beginn an fest, für welche Zitierweise Sie sich entscheiden wollen: Das Zitieren sollte immer sofort erfolgen. Ein nachträgliches Einarbeiten am Schluss ist Schwerarbeit und kann, wenn Sie nicht mehr alle Quellen finden, zu einem echten Problem werden.

- **Zielgruppe:** Ein Sachbuch richtet sich, stärker noch als ein fiktives Werk, an eine eindeutig definierte Zielgruppe. Das ist ein Vorteil, den Sie für Ihre Recherchearbeit nutzen können. Denn anders als bei einem Roman können Sie die Interessen Ihrer Zielgruppe sicher identifizieren. Wenn Sie zum Beispiel ein Selbsthilfebuch für Angehörige von Krebspatienten schreiben wollen, so können Sie in Foren oder auf Fachkongressen die Interessen Ihrer Zielgruppe abtasten. Welche Probleme beschäftigen Ihre Interessensgruppe? Welche Themen und Aspekte wurden in diesem Zusammenhang noch vernachlässigt? In welchem Bereich besteht noch Aufklärungsbedarf? Eine Vorabrecherche solcher und ähnlicher Fragestellungen sichert Ihnen den Innovationsbonus für Ihr Werk und damit auch die Chance auf Erfolg.
- **Konkurrenzanalyse:** Je spezifischer Sie ein Thema behandeln, desto eher können Sie Konkurrenten auf dem Markt

ausschließen. Als Romanautor wird es wahrscheinlich schwierig sein, alle Publikationen des Genres auf Ähnlichkeiten zu überprüfen. Als Sachbuchautor hingegen haben Sie die Chance, ähnliche Werke zu suchen, aufzuspüren und auf deren Gehalt zu untersuchen. Ihre Rechercheambition sollte an folgendem Leitsatz festhalten: Dort, wo die Recherche des anderen aufhört, fängt Ihre erst an.

- **Equipment:** Als Sachbuchautor werden Sie öfter Echtzeitkontakt mit Zeitzeugen oder Experten haben. Rüsten Sie sich für diese Situationen mit dem entsprechenden Equipment aus. Für Interviews sollten Sie auf jeden Fall ein Diktiergerät bei der Hand haben. Testen Sie vorab dessen Funktionalität und Akkulaufzeit. Es wäre äußerst unangenehm, wenn Ihnen nach dem Interview auffällt, dass die Hälfte des Gesprächs nicht mehr aufgenommen wurde. Für das Transkript im Anschluss sollten Sie nicht zu viel Zeit aufwenden – nutzen Sie eine der zahlreichen Softwares, die im World Wide Web dafür zur Verfügung gestellt werden. Packen Sie außerdem eine Kamera mit ins Gepäck. Bilder sind nicht nur eine Bereicherung für Biografien, sondern auch eine wertvolle Gedächtnisstütze, wenn Sie zu Recherchezwecken Originalschauplätze aufgesucht haben.

4.3 Autoreninterview mit Stan Wolf

Erfolgsautor Stan Wolf wurde 1950 in Passau geboren. Die ersten Lebensjahre verbrachte er auf einem Bauernhof in Deutschland. Er besuchte die Schule in Salzburg, wo er auch die Ausbildung zum Stahlbautechniker absolvierte und am Fuße des Untersberges über dreißig Jahre ein kleines Unternehmen betrieb. Stan Wolf hat zwei Töchter und eine Enkelin. Seine Hobbys sind die Fliegerei und versunkene Kulturen. Seine Vorliebe für die Wüste führte ihn schließlich nach Ägypten, wo er mehrmals im Jahr auf entlegenen Pfaden den Spuren der Pharaonen folgt. Mit *„Die weiße Rose am Untersberg"* erscheint der elfte Teil der Buchreihe *„Steine der Macht"* rund um Wolf und Claudia im novum Verlag. Die ersten beiden Bände wurden bereits ins Englische übersetzt.

Seine Bücher schreibt Stan Wolf auf einer einsamen Almhütte in den Salzburger Bergen in zweitausend Metern Höhe. Welchen Rechercheaufwand die Buchserie, die sich inzwischen einer beachtlichen Fangemeinde rühmt, bedeutet, hat Stan Wolf uns im Exklusivinterview verraten. *www.stan-wolf.at*

Herr Wolf, mit *„Die weiße Rose am Untersberg"* haben Sie den mittlerweile elften Band Ihrer Buchreihe *„Steine der Macht"* veröffentlicht. Woher stammt der Stoff für ein so umfangreiches Werk?

Teils aus eigenen Erlebnissen und andererseits aus umfangreichen Recherchen. Auch von Lesern zugetragene Geschichten wurden dabei verarbeitet.

Im Mittelpunkt Ihrer Bücher stehen die mysteriösen Geschehnisse, die sich rund um den Untersberg zutragen. Sie selbst haben Ihre Ausbildung zum Stahlbautechniker am Untersberg absolviert. Inwiefern prägen die Erlebnisse dieser Zeit die Idee für *„Steine der Macht"*?

Eigentlich gar nicht. Es waren vielmehr *„Zufälle"* und Neugier, die mich auf die Spuren dieser Dinge brachten. Daher glaube ich auch, dass ein guter Autor sich durch eine natürliche Neugier auszeichnet. Die Offenheit für Neues sollte man sich als Schriftsteller auf jeden Fall bewahren.

In Ihren Büchern findet sich zum Teil sehr spezifisches Wissen über die Illuminaten oder den Geheimorden Ordo Bucintoro wieder. Wie viel Zeit widmen Sie der Recherche, bevor Sie mit einem neuen Buch beginnen?

Da ich enge Beziehungen zu diesen Organisationen unterhalte, braucht es relativ wenig Zeit für meine Recherchen. Verfügt man jedoch nicht über solche Kontakte, ist es wichtig, sich an anderer Stelle Insiderwissen zu verschaffen. Ich kann Interviews mit Experten oder Zeitzeugen für das eigene Buch nur empfehlen. In Gesprächen mit Beteiligten gelangt man nicht nur wesentlich schneller an die gesuchte Information, sondern stolpert womöglich auch noch über eine neue. Das vielseitige Wissen von Versierten kann Geschichten eine Wendung geben, die man so vorher vielleicht nie im Sinn hatte – im Idealfall liefert es sogar Stoff für einen zweiten Band.

Welchen Stellenwert sollte die Recherche für einen gewissenhaften Autor einnehmen?

Unbedingt einen großen. Denn die meisten Autoren können nicht auf Kontakte wie die meinen zurückgreifen. Manche Genres erfordern mehr Recherche als andere. In keinem Fall aber sollte man den Aufwand unterschätzen. Auch für ein Fantasybuch ist viel Vorarbeit zu leisten. Die Recherche sollte im Arbeitsprozess immer an erster Stelle stehen. Letztendlich ist es doch das Interesse an einem Thema, das die Idee für ein Buch erweckt. Erst die Vertiefung mit der Materie liefert jene Menge an Material, die es für den Aus- und Aufbau einer Handlung benötigt.

Gibt es Recherchequellen oder -techniken, die Sie empfehlen können?

Das Internet zählt sicherlich zu den umfangreichsten Quellen der Recherche. Aber es benötigt sehr viel Zeit, um zu guten Resultaten zu kommen. In der Onlinesphäre gilt: Man findet, was man sucht. Schon die Suchphrasen können das Ergebnis einer Onlinerecherche einschränken. Informationen, die über den eigenen Wissensstand hinausreichen, werden womöglich nicht gefunden. Wie in der Wissenschaft sollte das Internet daher nur die erste Station im Rechercheprozess sein. Das Internet dient der Orientierung. Hier verschafft man sich einen ersten Überblick über die Sachlage. Für die Spezialisierung braucht es sicher einschlägigere Quellen. Wie bereits erwähnt, würde ich immer dem Interview den Vorzug geben – keine noch so solide Quelle ersetzt das persönliche Gespräch mit einem Experten.

Planen Sie wirklich jede Szene, jedes Detail, oder lassen Sie sich beim Schreiben auch manchmal von Ihrer Fantasie überraschen?

Da sehr viel von meinen Büchern authentisch ist, brauche ich die Geschehnisse nur Revue passieren zu lassen und niederzuschreiben. Zuweilen werden auch Fantasiegeschichten zur Abrundung eingebaut. Das ist nicht nur wichtig, um sich den Spaß an der Sache zu erhalten. Eigene Gedanken machen das Gesamtwerk doch erst aus – das gilt übrigens auch für Non-Fiction Bücher. Auch eine reine Literaturarbeit zeichnet sich erst durch die Schlüsse aus, die man aus ihr ableitet.

Recherchieren Sie primär vor Ort oder reicht Ihnen manchmal auch die reine Text- sowie Bildrecherche als Vorlage für Ihre Romane?

Fast immer handelt es sich um Geschehnisse an den Originalschauplätzen, die natürlich ausgiebig besucht werden müssen.

Bildrecherche ist nur teilweise Ergänzung oder Bestätigung. Eine Vor-Ort-Recherche erzeugt außerdem echte, lebendige Eindrücke, die sich beim Schreiben leichter verarbeiten lassen.

Welche Inspirationsquelle nutzen Sie zur Gestaltung Ihrer Romanfiguren?

Eigentlich nur die tatsächlichen Gegebenheiten, so wie sie sind. Es handelt sich so gut wie immer um Personen, die real existieren. Ganz selten kommen Protagonisten vor, welche aus persönlichen Gründen nicht genannt werden wollen und deshalb umgestaltet werden. Hier muss ich vor allem darauf achten, das Persönlichkeitsrecht der genannten Personen zu wahren.

Gibt es Anhaltspunkte, nach denen sich Autoren und Neuautoren in Sachen Arbeitsvorbereitung richten können?

Die Autoren sollten sich unbedingt ein geistiges Bild von der Geschichte machen und sich das Ganze lebendig vorstellen – sei es aus der Erinnerung oder der Fantasie. Nur so wird ein echtes Geschehen erzeugt. Am besten ist es, wenn man aus der Erinnerung an tatsächliche Dinge und Erlebnisse schreiben kann. Daher sollte die Recherche auch nie zu kurz kommen. Um den Lesern ein echtes Bild zu vermitteln, braucht es eine Sprache, die die Realität abbildet. Erst die Beschäftigung mit einem Thema, einem Ort oder Gegenstand verschafft uns den Wortschatz, den wir zu seiner Beschreibung benötigen. Ein guter Schriftsteller verfügt über eine ausgeprägte Fantasie. Ein ausgezeichneter Schriftsteller verfügt über eine ausgeprägte Beobachtungsgabe.

4.4 Praxistipp von Stan Wolf

Wie Sie Ihre Recherchefähigkeiten noch verfeinern können, verrät Erfolgsautor Stan Wolf in folgendem Praxistipp:

In der modernen Informationsgesellschaft ist die sogenannte Informationskompetenz unumgänglich. Wichtig ist, dass Sie Wahrheit von Fiktion unterscheiden können. Schon einzelne Suchoperatoren können das Ergebnis Ihrer Recherche beeinflussen. Es ist paradox, doch die Suche im Internet erschwert den Prozess mitunter. Sehr oft werden Sie einen kontroversen Informationsstand zu ein und demselben Thema finden. Nicht nur Non-Fiction-Autoren, sondern auch Autoren, die ein sehr spezifisches Thema behandeln, empfehle ich daher ein Rechercheseminar. Lernen Sie, wie ein Journalist zu recherchieren und Ihre Quellen zu hinterfragen. Außerdem lernt man in Recherchekursen auch spannende Alternativen zu Google kennen.

Das Recherchetool meiner Wahl ist das Interview. Beim Interview ist akribische Vorbereitung alles. Sammeln Sie Stoff zur Sachlage, informieren Sie sich und schreiben Sie einen Fragenkatalog. Wenn Sie unvorbereitet zu einem Interview erscheinen, entgehen Ihnen im schlimmsten Fall wertvolle Informationen. Vergessen Sie auch nicht die Technik. Ein Diktiergerät ist unverzichtbar, wenn Sie sich wirklich auf Ihr Gegenüber konzentrieren und eine natürliche Gesprächssituation imitieren wollen. Mein persönlicher Tipp: Machen Sie sich beim Interview kleiner, als Sie sind. Geben Sie nicht vor, schon alles zu wissen, sondern steigen Sie unbefangen in die Gesprächssituation ein. Nur so können Sie verhindern, Ihren Gesprächspartner und damit auch sein Antwortverhalten durch Suggestivfragen zu beeinflussen. Bitten Sie ruhig auch Bekannte um Probeinterviews. Erst, wenn Sie mit der Interviewsituation wirklich vertraut sind, werden Sie auch den Mut finden, tief zu schürfen und im Bedarfsfall auch unangenehme Fragen zu stellen.

STIL

> „Nur ein großer Geist wagt es,
> einfach im Stil zu sein."
> Henri Stendhal

Die Frage nach dem einen, goldenen Schreibstil beschäftigte schon viele Schriftsteller. Doch wie jede Lehre lässt auch die Literaturwissenschaft eine allumfassende Universaltheorie missen. In der Literaturgeschichte wagte sich der Stilbegriff mitunter auch auf experimentelles Terrain. So versuchte sich etwa Gertrude Stein an einem kubistischen Schreibstil. Auf Punkt und Komma verzichtete die amerikanische Schriftstellerin und Kultfigur ebenso wie auf alle anderen vernachlässigbaren Satzzeichen. Berühmt wurde sie unter anderem für den Satz „*A rose is a rose is a rose is a rose.*" Nach ihrem Ermessen ergibt sich der Leseinhalt erst aus der Leseart und -assoziation. Über Letztere kann das Publikum durch ihren plastischen Schreibstil selbst verfügen. Damit setzte sich Stein, nach ihrer Auffassung, über alle Grenzen und Konventionen der Sprache hinweg. Denn erstmals gab es zwischen Autor und Publikum keine Missverständnisse. Der Leser stellt sich die Rose so vor, wie er wollte, nicht so, wie er sollte.

Und auch Gerhard Rühm, ein österreichischer Schriftsteller, Komponist und Künstler, praktiziert wild die experimentelle Poesie. Er visualisiert Worte in Fotomontagen, Lautgedichten und Sprechtexten – und erweitert dadurch deren Ausdrucksfläche.

Demgegenüber stehen kurze, kompakte Schreibstile, für die Hemingway sicher Vorreiter war. Surreales liest man bei Murakami heraus, während Dostojewski sein Tagewerk mit psychoanalytischer Präzision bestritt.

Doch so verschieden die Stile weltberühmter Schriftsteller auch sein mögen, eines ist ihnen gemeinsam: Sie alle haben sich ihren Stil, ihre individuelle Sprachsignatur erst erarbeitet. Stil ist kein Synonym für Talent, sondern entsteht erst nach Jahren des Studierens und Schreibens. Suchen Sie also nicht zwanghaft nach dem Unique Selling Point Ihrer Sprache. Vertrauen Sie darauf, dass er schon da ist. In diesem Kapitel werden wir Ihnen zeigen, mit welchen Tricks, Regeln und Übungen Sie ihn zum Vorschein bringen.

5.1 So finden Sie Ihren Stil

Wie in jedem Handwerk gilt es auch beim Schreiben, ein paar gängige Grundregeln zu beachten. Womöglich ist der Regelbegriff aber zu eng gewählt. Vielmehr sollen die folgenden Punkte der Orientierung dienen. Nicht jedes Regelsystem ist für jeden Schreibenden ident anzuwenden. Betrachten Sie die Regeln also nicht als Doktrin und lassen Sie sich nicht von ihnen einengen. Picken Sie sich die für Sie wertvollsten Tipps heraus und wenden Sie an, was Ihnen schlüssig erscheint. Regeln sind wichtig. Dichterische Freiheit ist alles.

- **Aktiv und Passiv:** Oft gepredigt wird ein aktiver Schreibstil. Gemeint ist, dass Sätze nicht beschreibend, sondern bewegend gebildet werden. Anstatt Personen, Orte oder Objekte in langatmigen Passagen zu beschreiben, lassen Sie sie sich selbst beschreiben. Ein simples Beispiel veranschaulicht die Wirkung. So können Sie etwa schreiben: *„Der See war blau"*, oder aber: *„Der See schimmerte blau."* Beide Sätze sagen dasselbe aus. Der erste allerdings liest sich statisch, der zweite aktiv. Mehr noch, die erste Aussage lässt ein mattblaues Bildensemble entstehen. Die zweite füllt die Bildkomposition noch kostenlos mit Lichtkristallen auf. Erweitert können Sie das Prinzip auch auf Personenbeschreibungen anwenden. Anstatt zu schreiben: *„Sie hatte sehr langes, blondes Haar"*, versuchen Sie es doch mit: *„Ihr Haar floss wie ein Wasserfall aus goldener Seide über ihre Schultern."* Letzteres klingt sehr lyrisch und ist sicher nicht auf alle Literaturgattungen anwendbar, doch veranschaulicht das Fallbeispiel die Bildintensität, die durch einen aktiven Schreibstil automatisch vermittelt wird. Machen Sie sich dieses Prinzip der Attribution auch für Handlungsabläufe zunutze. Sicherlich können Sie schreiben: *„Er wurde wütend."* Sie könnten aber auch schreiben: *„Er schlug mit seiner Faust in die Regalwand."* Menschen können von bestimmten Verhaltensweisen auf bestimmte Eigenschaften bzw. Emotionen schließen. Zwar liegen sie mit ihrer Interpretation nicht immer richtig, doch wenn Sie so unmissverständlich wie möglich schreiben, wird Ihr Publikum Sie auch unmissverständlich verstehen.

- **Genres und Szenen:** Wie eine Berufsgruppe hat auch ein Genre seinen Jargon, seinen Ton, sein spezifisches Sprachmilieu. Nehmen wir noch einmal das Beispiel von oben. Der Satz *„Ihr Haar floss wie ein Wasserfall aus goldener Seide über ihre Schultern"* ist vielleicht passend für jenen Moment, in dem der Hauptprotagonist eines Liebesromans Liebe auf den ersten Blick erfährt. In einem Krimi, in dem die Detektivin mit dem blonden Haar ihren Dienst antritt, wirkt der Satz allerdings deplatziert. Hier wiederum ließe sich folgender Aktivsatz formulieren: *„Unter ihrer Polizeimütze lugte ein blonder Haarschopf hervor, der zu einem strengen Knoten verflochten war."* In einem Kinderroman hingegen könnten Sie schreiben: *„An ihrem Hinterkopf baumelte ein goldgelber, fröhlicher Striezelzopf."* In einer Biografie wiederum werden Sie auf eine sachlichere Beschreibung der Szenerie setzen müssen. Sie sehen also, dass das Genre den Stil bestimmt. Und auch innerhalb des Genres müssen Unterschiede zwischen

Situationen oder Erzählperspektiven beachtet werden. Die Form schafft den Rahmen für die Sprache.

- **Nominaler und verbaler Stil:** Eine weitere Differenzierung der Stilschemata wird im Buch *„Grundlagen und Techniken der Schreibkunst"* von Otto Schumann vorgenommen. Der Musikpublizist unterscheidet zwischen dem substantivischen bzw. verbalen Schreibstil. Auch hier kann wieder in Bezug auf Bewegung und Stillstand der Sprache variiert werden. Der Nominalstil arbeitet mit Hauptwörtern, der Verbalstil mit Tätigkeitswörtern. Ersterer erzeugt Statik, letzterer Bewegung. Die Wirkung zeigt sich an Schumanns Praxisbeispiel. Ein Satz im Nominalstil könnte lauten: *„Er hielt eine Rede."* Im Verbalstil wird daraus: *„Er redete."* Der Unterschied zeigt sich nur in feinen Nuancen, doch er ist vorhanden. Der Satz im Nominalstil ist eine Momentaufnahme, die Ruhe, Stillstand und Pathos kommuniziert. Im Verbalstil hingegen vermittelt der Satz Bewegung, Fortgang und Fortschritt der Geschichte. Allgemein ist beim Schreiben weder dem Nominal- noch dem Verbalstil der Vorzug zu geben. Doch auch hier bestimmt das Genre die Stilrichtung. Passend wäre der Nominalstil zum Beispiel in einem Krimi. Ein Detektiv oder Kriminalbeamter mimt in der Regel die Rolle des objektiven Beobachters. Der Nominalstil verleiht der Sprache eine gewisse Sachlichkeit. Nicht umsonst kommt er primär in Zeitungs- oder Polizeiberichten sowie in wissenschaftlichen Arbeiten zum Einsatz. Der Verbalstil eignet sich eher für die Gestaltung von Gesprächen. Im Alltagsjargon drückt sich kaum jemand im Nominalstil aus. Eine Gestaltung im Nominalstil würde künstlich und irgendwie verstellt erscheinen. Oder kennen Sie jemanden in Ihrem Bekanntenkreis, der sich so ausdrückt: *„Das Gießen des Gartens in der Sommerhitze erwies sich als große Anstrengung."* Natürlicher wirkt die Aussage so: *„Es war sehr anstrengend, den Garten in der Sommerhitze zu gießen."* Welchen

Stil Sie bevorzugen, entscheiden am Ende Sie selbst. Spielen Sie mit der Sprache, um herauszufinden, was Ihnen mehr imponiert. *„Als allgemeine Regel wollen wir festhalten: soll etwas Ruhendes, Zuständliches dargestellt, eine schwebende Stimmung erzeugt werden, so kann der substantivische Stil helfen; der verbale dagegen eignet sich mehr dazu, Vorgänge und Bewegungen wiederzugeben. Kann nicht muss!"*

- **Sprachmuster und Sprachcodes:** Vermeiden Sie Sprachcodes. Ohne es zu merken, bedienen wir uns in unserem Alltag eines unbeugsamen Sprachmusters. Unbewusst greifen wir wiederholt auf dieselben Sprachbausteine zurück, um uns schnell und treffend auszudrücken. Zwar setzen wir die Bausteine immer wieder neu zusammen, das Set bleibt aber gleich. Diese Bausteine sollten Sie beim Schreiben um jeden Preis vermeiden. Beispiele für Sprachformeln sind: *„Herzklopfen haben"*, *„vor Angst zittern"*, *„blass vor Neid"*, *„blind vor Liebe"* oder *„verrückt nach jemandem sein."* Viel zu oft lassen wir andere Menschen *„sich ihre Haare raufen"*. Was beim Sprechen Normalität ist, ist beim Schreiben ein Zeichen mangelnder Originalität. Um die Aufmerksamkeit Ihrer Leser zu gewinnen, die genau diese Sprachmuster jeden Tag durch die Nachrichten, die Zeitungen oder in Gesprächen mit Arbeitskollegen aufnehmen, müssen Sie versuchen, sie bewusst zu umgehen. Artikulieren Sie sich anders. Defragmentieren Sie Ihr Sprachprogramm und starten Sie es neu. Guter Ausdruck ist nur eine Frage des Trainings. Umgehen Sie Sprachbausteine, die unter diesen Abnützungserscheinungen korrodieren. Versuchen Sie es gleich jetzt und schreiben Sie eine Alternative zu: *„Er hatte Herzklopfen."* Fällt Ihnen etwas ein?
- **Kürze und Komplexität:** Wenn es ums Kürzen geht, könnten die Meinungen unterschiedlicher kaum sein. Während die einen die große Kunst des Schreibens im Kürzen wähnen, halten andere die ausgedehnte Textlänge für das einzig Wahre. Doch

auch hier herrscht Unstimmigkeit. Sehr viele Ratgeber werden Ihnen empfehlen, sich kurz und knapp zu halten. Angeblich ließe sich der Leser auf nichts anderes mehr ein. Doch auch das muss nicht zwingend stimmen. Ihre Leser sind keine homogene Masse. Geschmäcker sind verschieden, und es gibt durchaus Leser, die blumige, lyrische Sprachtypen präferieren. Der Rat sollte daher viel eher lauten: Versuchen Sie nicht, sich gezwungen kompliziert auszudrücken. Wenn Ihnen ein Satz auf der Zunge liegt, dann schreiben Sie ihn nicht künstlich in die Länge. Komplexität ist kein Zeichen von Genie. Schon mit kurzen Sätzen lässt sich viel sagen. Hemingway hat es bewiesen. Und auch Journalisten können bezeugen, dass das Kürzen ein anspruchsvoller Akt ist. Nichtsdestotrotz haben auch Schachtelsätze, die im Zeitalter der Digitalisierung ein regelrechtes Stigma erfahren haben, ihre Berechtigung. Trauen Sie Ihrem Publikum ruhig auch etwas zu. Fordern Sie die Lesekompetenz Ihrer Leser ein. Was für ein Schriftsteller wären Sie, würden Sie an sich selbst den Anspruch stellen, Ihre Leser chronisch zu unterfordern? Wichtig ist, ein Mittelmaß zu finden und weder beim Kürzen noch beim Überarbeiten dem Extrem zu verfallen. Im Übrigen gilt das auch für Fremdwörter. Ein akademischer Ausdruck zeugt nicht automatisch von ausgezeichneter Artikulationsgabe. Schreiben Sie so, wie Sie sprechen, und adjustieren Sie Ihren Text im Nachhinein. Vertrauen Sie auf Ihre Fähigkeiten. Das Resultat wird Sie verblüffen.

- **Rhythmus und Reihenfolge:** Um Ihrem Sprachstil noch den letzten Feinschliff zu verleihen, sollten Sie auch die Regelsysteme der Syntax verinnerlichen. Der Rhythmus mag beim Sprechen entscheidender sein als beim Schreiben. Doch auch ein Text verfügt über Dauer, Tempo, Dehnung, Streckung und Pausen. Der Rhythmus ist sowohl für die Satzkonstruktion als auch für die Struktur Ihres Romans ein unverzichtbares Stilmittel. Denken

Sie zum Beispiel an Spannungsbögen oder Pointen. Das Tempo steuert sowohl Spannungsauf- als auch -abbau. Kurze Sätze steigern den Grad der Spannung, während lange ihn schmälern. Stimulieren Sie die Stimmung Ihrer Leser mit einem strapaziösen Stakkato aus Worten. Der Effekt wird an diesem Beispiel schnell erkenntlich: *„Sie legte sich zu Bett und verscheuchte das Angstgefühl, als ein Knurren aus dem Keller sich in das Klangkonzert des Gewitters mischte."* Mehr Tempo und damit auch Spannung erzeugen Sie jedoch so: *„Sie legte sich zu Bett. Blitz und Donner grölten ihr Nachtkonzert. Plötzlich ein Grollen aus dem Keller. Jemand oder etwas knurrte."* Doch auch für die Dynamik eines Buchs ist der Rhythmus entscheidend. Ein Buch braucht Pausen ebenso wie Pointen. Beachten Sie beim Schreiben unbedingt auch die Dramaturgie. Dauerspannung können Sie ebenso wenig gebrauchen wie Handlungsapathie. Wie Sie ein Gleichgewicht finden, entschlüsseln wir im Kapitel über Plots und Plotarten. Zuletzt sei auch noch die Relevanz des Metrums erwähnt. Für die stilsichere Silben- und Wortstellung braucht es ein gutes Taktgefühl. Die Prosa verfügt bekanntlich über kein Versmaß, sie verbalisiert sich frei und ungebunden. Daher gibt es auch keine Regeln für den Klang einer Sprache. Über Richtig oder Falsch urteilt einzig das Gefühl. Wenn Sie unschlüssig sind, wie Ihre Texte klingen, so bedienen Sie sich der naheliegendsten Praxis: Lesen Sie sich Ihren Text laut vor. Sie werden hören, ob die Worte stimmen oder stolpern.

- **Farben und Bilder:** Eine Feinpolitur erhält Ihre Sprache durch den Einsatz von Vergleichen und Bildern. Wortmalerei erzeugt Geschichten in den Köpfen Ihrer Leser, die sie so schnell nicht wieder loslassen werden. Genau das ist auch das Ziel von Stilmitteln und -figuren. Den Beweis erbringt der direkte Vergleich. Anstatt zu schreiben: *„Ihr Haar war blond"*, könnten Sie es zum Beispiel mit dieser Variante versuchen: *„Ihr Haar hatte etwas vom* *goldgelben Leuchten eines Weihnachtssterns"* oder *„Ihr Haar glühte golden wie Weizenähren im Spätsommer"* oder *„Ihr Haar erinnerte ihn an das Bourbonvanilleeis am Stiel, das er als Kind oft bei der Tankstelle gekauft hatte und das in der Sonne so schnell geschmolzen war."* Wenn Sie Ihren Lesern im Gedächtnis bleiben wollen, malen Sie mit Worten. Doch wie wir zeigen werden, ist nicht nur die Metapher ein Stilmittel, das Worten den nötigen Nachdruck verleiht.

Bevor wir uns ins Feld der Rhetorik vorwagen, sei Ihnen noch Folgendes mit auf den Weg gegeben: Wer sich streng an dieses Regelsystem hält, wird beim Schreiben sicher nicht glücklich werden. Der eigene Stil ist letztlich auch Intuitionssache. Werkzeuge, wie sie hier aufgelistet sind, dienen maximal der Präzision und Perfektion von etwas, das bereits in Ihnen angelegt ist: Ihre Individualität. Greifen Sie also gerne auf diese Liste zurück, wann immer Sie einen Spickzettel brauchen. Einschränken soll Sie dieser Leitfaden aber nicht. Otto Schumann hat die Formel zum perfekten Stil in seinem Standardwerk folgendermaßen festgehalten:

„Der echte, nicht gezüchtete Stil entwickelt sich durch unablässiges Umwandeln sorgfältig beobachteter Eindrücke, folgerichtigen Durchdenkens, inneren Nacherlebens und beherrschten Vorstellungsvermögens in einen Ausdruck, der dem Beobachteten, Durchdachten, Nacherlebten und Vorgestellten ansitzt wie die Haut dem Körper. Wenn dann nach Jahren strenger Arbeit ‚Ihr' Stil durch das vielfältig Geschaffene hindurchschimmert, es von innen zart erglühen lässt, umso besser."

5.2 Mit rhetorischen Mitteln den Stil verbessern

Rhetorik mag die Kunst des Sprechens sein, dennoch ist sie auch beim Schreiben unentbehrlich. Wer Stilfiguren verinnerlicht, verfeinert seine Sprache zudem im Alltagsgebrauch. Wenn Sie eloquent sprechen, schreiben Sie auch so. Insofern ist das Wissen um die wichtigsten Rhetorikinstrumente der Schlüssel zur Veredelung Ihres Sprach- und überdies Ihres Schreibstils.

Grundlegende Techniken der Rhetorik begegnen uns regelmäßig in der Weltliteratur. Metaphern und Vergleiche sind Stilmittel, derer sich Schriftsteller aller Generationen bedient haben. Deren Stellenwert für einen einprägsamen Stil haben wir im vorangegangenen Kapitel veranschaulicht. Auch Allegorien sind ein wiederkehrendes Element im Werk populärer Autoren. Eine der bekanntesten Allegorien hat wohl Ernest Hemingway in seiner Novelle *„Der alte Mann und das Meer"* verarbeitet. Und auch das Stilmittel der Personifikation findet sich in Romanen von der Vergangenheit bis zur Moderne wieder. Die Vermenschlichung von Tieren trägt sich sowohl in den Klassikern von Jack London sowie Anna Sewell als auch in Leonie Swanns Schafskrimi *„Glennkill"* zu.

Doch Rhetorik prägt nicht nur Genres, sondern auch kleinere Texteinheiten. Alliterationen zum Beispiel prägen die Satzgebilde des begnadeten österreichischen Schriftstellers Stefan Zweig. Und kaum ein Oxymoron ist wohl so bekannt wie Jay Gatsbys berühmter Ausruf *„Alter Knabe"* in Francis Scott Fitzgeralds kolossalem Klassiker *„Der große Gatsby"*.

Rhetorische Stilmittel sind insbesondere auch für die Gestaltung von ausgereiften Dialogen ausschlaggebend. Tempo, Pausen und Betonungen, die Hebungen und Senkungen der Prosa entstehen erst durch die bewusste Platzierung von Anaphern, Epiphern und

Co. Studieren und integrieren Sie die Stilkniffe der Rhetorik in Ihre Kommunikationsroutine und Sie werden die Kunst des Ausdrucks sowohl in Sprache als auch Schrift zu beherrschen lernen. Eine Übersicht der wichtigsten Stilmittel haben wir in dieser Grafik für Sie zusammengestellt. Tieferes Wissen finden Sie im Monumentalwerk *„Lexikon der Sprachkunst. Die rhetorischen Stilformen. Mit über 1.000 Beispielen"* von J. Dominik Harjung.

Quelle der Tabelle: rhetorische-mittel.net: *„Wichtige Rhetorische Stilmittel"*, unter: https://rhetorische-mittel.net/wp-content/uploads/wichtige-rhetorische-mittel-liste-www.rhetorische-mittel.net_.pdf (abgerufen am 23. 07. 2019)

Stilmittel	Beschreibung	Beispiel	Wirkung
die Akkumulation	An Stelle eines Oberbegriffs werden mehrere thematisch zusammengehörige Unterbegriffe aufgezählt.	„Es gab Kartoffeln, Fleisch, Gemüse und Sauce"; „Parteien, Unternehmen, Regierungen und Kirchen" statt „gesellschaftliche Gruppierungen"	Veranschaulichend.
die Allegorie	Gedanken oder Begriffe werden anhand eines verwandten Bildes konkretisiert; eine Folge von sprachlichen Bildern (siehe Metapher) in Form eines Gleichnisses. Oft in Fabeln: Tierische Protagonisten stellen unsere Gesellschaft dar.	„Sensenmann" für „Tod"; in einer Fabel: Der Fuchs als Sinnbild für Schlauheit und Durchtriebenheit.	Veranschaulichend, verbildlichend.

Stilmittel	Beschreibung	Beispiel	Wirkung
die Alliteration	Aneinandergereihte Begriffe mit gleichen Anfangslauten, z. B. in Stabreimen.	„Kunst und Krempel", „Milch macht müde Männer munter"	Betonend, einprägsam.
die Anapher	Wortwiederholung am Satz-/Vers-Anfang oder am Anfang von Satzteilen.	„Geld ist nicht alles. Geld allein macht nicht glücklich."	Betonend, einprägsam.
die Antiklimax	Gegenteil der Steigerung (siehe Klimax).	„XL, L, M und S", „Hund, Katze, Maus"	Einprägsam, veranschaulichend.
die Antithese	Gegensätze werden in einer oft kompakten und dadurch besonders einprägsamen Formulierung gegenübergestellt.	„Wenn er aufhört, über uns Lügen zu verbreiten, werden wir aufhören, über ihn die Wahrheit zu verbreiten." (Hitler)	Veranschaulichend, kontrastierend.

die Aposiopese	Abbrechen der Rede inmitten eines Satzes.	„Also wenn du mich fragst …"	Eindringlich.
die Assonanz	Mehrere Wörter, deren betonte Silben Vokale mit gleichem Klang aufweisen. Oft in unreinen Reimen.	„Fluch" und „ruht", „ruht" und „Luft" als unreiner Reim	Betonend, einprägsam.
das Asyndeton	Aufzählung bzw. Aneinanderreihung von Elementen in einem Satz, bei der auf Konjunktionen verzichtet wird.	„Er brachte Brot, Käse, Wein."	Verknappend, eindringlich.
der Chiasmus	Satzteile, die sich symmetrisch und bzgl. ihrer Bedeutung entsprechen, werden überkreuzt.	„Seine Muskeln groß, klein sein Verstand."	Veranschaulichend, kontrastierend.

Stilmittel	Beschreibung	Beispiel	Wirkung
die Concessio	Einem Argument wird zugesprochen, doch wird es zugleich durch eigene Aussagen entkräftigt. Oft in Reden oder Verhandlungen angewandt.	„Gut ist er, da hast du Recht, aber für den ersten Platz wird das nicht reichen."	Überzeugend, vertrauenerweckend.
die Contradictio in adiecto	Ein sich logisch widersprechendes Wortpaar aus Substantiv und Adjektiv (siehe auch Oxymoron).	„Eiskalte Sonne", „alter Junge", „unbekannter Freund"	Eindringlich, betonend; weckt Aufmerksamkeit durch „Stolpern" im Redefluss.
die Correctio	Selbstkorrektur bzw. Verbesserung, bei der eigene Aussagen im Folgenden durch gesteigerte Formulierungen relativiert oder konkretisiert werden.	„Viele kamen, um sie zu sehen, nein, es waren gar Tausende, die ihr zu Ehren erschienen!"; „Er hatte dunkles Haar. Tiefschwarz sind sie gewesen."	Die Eindringlichkeit steigernd, verstärkend.

der Dysphemismus	Eine Aussage wird abgewertet. Gegenteil des Euphemismus.	„Penner" für „Obdachloser"; „Gedöns" für vermeintlich unnötige Dinge	Abwertend.
die Ellipse	Ein Satz wird verknappt, indem auf Wörter verzichtet wird, die für das Verständnis der Aussage nicht zwingend benötigt werden.	„Er kommt um Viertel vor"; „Je mehr, desto besser"; „Gönn dir"	Verknappend, eindringlich.
die Emphase	Eine Aussage wird durch besondere Hervorhebung bzw. Betonung verstärkt bzw. verdeutlicht. Das Gemeinte wird dabei nicht konkretisiert, sondern durch allgemeine Begriffe ersetzt.	„Also so hätt' ich das nicht gemacht!", „Eine Frau erkennt das."	Betonung, eindringlich.

Stilmittel	Beschreibung	Beispiel	Wirkung
die Epipher	Wortwiederholungen am Satz-/Vers-Ende oder am Ende von Satzteilen.	„So kommst du nicht mit mir ins Haus, so kommt mir niemand ins Haus!"	Eindringlich.
das Enjambement	Zeilensprung inmitten eines Satzes bzw. Verses.	„stehn die Nacht entlang/ Und blinzeln" (Storm)	Betonend.
der Euphemismus	Eine Aussage wird beschönigt. Gegenteil des Dysphemismus.	„kräftig" an Stelle von „dick", „suboptimal" statt „schlecht"	Beschönigend, positiv.
das Hendiadyoin	Bildung eines Begriffs durch zwei oder mehrere einzelne Wörter. Oft ersetzen hierbei zwei Substantive eine Substantiv-/Adjektiv-Kombination.	„Feuer und Flamme", „Friede, Freude, Eierkuchen", „In Leder und Schürze" statt „In lederner Schürze"	Bekräftigend, betonend.

die Hyperbel	Übertreibung.	„Er ist schnell wie der Blitz"; „Das hab ich dir doch schon tausendmal erklärt!"	Betonend.
die Hypotaxe	Komplexer Satzbau durch Verschachtelung von Haupt-, Neben- und Teilsätzen. Man spricht auch von einem „hypotaktischen Satzbau".	„Endlich hob er es, nachdem er stundenlang danach gesucht hatte, mit der linken Hand, die er zuvor aus dem Handschuh zog, auf und [...]"	Komplex, ausführlich.
die Inversion	Umstellung der gängigen Wortreihenfolge innerhalb eines Satzes	„Ein Versager ist er, weiter nichts!"; „Schnell ist es."	Betonend, hervorhebend.

Stilmittel	Beschreibung	Beispiel	Wirkung
die Ironie	Eine Aussage, die etwas anderes oder das genaue Gegenteil von dem ausdrücken soll, was sie oberflächlich betrachtet darstellt.	„Das hast du ja ganz toll hingekriegt"; „Das wär ja noch schöner"	Betonend.
die Klimax	Steigerung vom Schwächeren zum Stärkeren.	„Wir beliefern Deutschland, Europa und die ganze Welt"; „Die Erde, unser Sonnensystem und die ganze Galaxie."	Eindringlich, betonend.
die Litotes	Untertreibung, doppelte Verneinung oder Verneinung des Gegenteils.	„Ich kann mich nicht beklagen"; „Er ist nicht untalentiert"; „Nicht der Schnellste"	Betonend.

die Metapher	Verbildlichung von Sachverhalten, wobei Bild und Ausdruck durch besondere Eigenschaften miteinander in Verbindung stehen.	„Das schlägt dem Fass den Boden aus"; „Ein Wink mit dem Zaunpfahl"; „Eine Flut von Menschen"; „Baumkrone"	Veranschaulichend.
die Metonymie	Ein Begriff wird durch einen anderen, unmittelbar verwandten Ausdruck ersetzt.	„Der Kreml hat sich noch nicht dazu geäußert"; „Das kühle Nass" für „Wasser"; „Er hat den ganzen Teller aufgegessen"	Veranschaulichend.
der Neologismus	Schöpfung eines neuen Wortes, oft durch Kombination bereits bekannter Begriffe.	„Kulturpessimismus"; „abziehen" für „ausrauben"; „Fanboy"	Hervorhebend.

Stilmittel	Beschreibung	Beispiel	Wirkung
die Onomatopoesie	Lautmalerei; Geräusche werden in Worte gefasst.	Interjektionen wie „Miau", „Dingdong" oder „Muh"; Substantiv-/Verbalstämme wie „quietschen", „knarren" oder „knurren"	Veranschaulichend.
das Oxymoron	Kombination aus sich widersprechenden Begriffen (siehe auch Contradictio in adiecto)	„Offenes Geheimnis"; „Weniger ist mehr"; „Bittersüß"	Verschärfend.
das Palindrom	Ein Wort, das auch rückwärtsgelesen einen Sinn ergibt. Oft in Wortspielen.	„Anna", „Tor" und „rot"; „Eber" und „Rebe"; „Ein Esel lese nie"	Einprägsam.

das Paradoxon	Scheinbar widersprüchliche oder abwegige Aussage, oft mit höherem Wahrheitsgehalt.	„Ich weiß, dass ich nichts weiß" (Sokrates); „Keine Regel ohne Ausnahme"; „Dieser Satz ist falsch"	Aufmerksamkeitserregend, einprägsam.
die Paralipse	Angebliche, vorgetäuschte Auslassung eines Sachverhaltes vom Autor. Betont durch scheinbare Ablenkung vom Thema.	„Dass das ganze keinen tieferen Sinn hat, brauche ich ja gar nicht erst zu erwähnen"; „Ganz zu schweigen von den anderen Möglichkeiten [...]	Betonend.
der Parallelismus	Sätze oder Teilsätze in symmetrischem Aufbau.	„Das Wasser fließt, der Wind weht, die Blumen blühen"; „Bis auf den Grund wasche ab meine Missetat, von meiner Sünde wasche mich rein!" (Ps 51,4)	Eindringlich, einprägsam.

Stilmittel	Beschreibung	Beispiel	Wirkung
die Parataxe	Aneinanderreihung von gleichwertigen Hauptsätzen, Wörtern oder Satzteilen. Verleiht absoluten, prägnanten Charakter. Gegenteil der Hypotaxe.	„Die Erde war wüst und wirr, Finsternis lag über der Urflut und Gottes Geist schwebte über dem Wasser" (Gen 1,2); „Gott schied das Licht von der Finsternis und Gott nannte das Licht Tag und die Finsternis nannte er Nacht. Es wurde Abend und es wurde Morgen [...]" (Gen 1,4-5)	Dramatisch, verknappend.
die Paronomasie	Ein Wortspiel, bei dem zwei Begriffe, die ähnlich klingen, sich aber in ihrer Bedeutung voneinander unterscheiden, verbunden werden.	„Lieber arm dran als Arm ab"; „Verlass dich auf jemanden und du wirst verlassen"	Einprägsam.

die Parenthese	Bezeichnet einen eigenständigen Satz, der in einen anderen Satz eingefügt wird, diesen unterbricht, seine grammatikalische Struktur jedoch nicht beeinflusst.	„Er legte es – behutsam ging er dabei nicht vor – flach auf den Boden und [...]	Informativ.
das Pars pro Toto	Ein Teil steht für das Ganze: Eine Sache wird durch einen Begriff umschrieben, der eigentlich nur für einen Bestandteil dieser Sache steht. (siehe Synekdoche und Totum pro Parte)	„Das macht dann € 10,- pro Nase" für „Das macht dann € 10,- pro Person"; „Der Spanier ist stolz" für „Spanier sind stolz"; „Brot" für „Nahrung"	Betonend, Vermeidung von Wortwiederholungen.

Stilmittel	Beschreibung	Beispiel	Wirkung
die Periphrase	Ein Begriff wird durch Worte ersetzt, die ihn beschreiben. Oft beschönigend.	„Der allmächtige Vater" für „Gott"; „Bessere Hälfte" als Bezeichnung für „Ehepartner"	Betonend, Vermeidung von Wortwiederholungen.
die Personifikation	Vermenschlichung einer Sache. Ein Tier, ein Gegenstand oder ähnliches handelt wie ein Mensch oder weist menschliche Eigenschaften auf.	„Die Zeit rennt"; „Technologien […] wollen bedient werden" (Jörg Friedrich); „Vater Staat"	Veranschaulichend

der Pleonasmus	Kombination von Wörtern, die sich in der Wortart unterscheiden, sich aber in ihrer Bedeutung ähneln. Dabei wird einem Substantiv oft ein vermeintlich unnötiges Attribut beigefügt, dessen Bedeutung bereits im Hauptwort enthalten ist.	„Das grüne Gras"; „Rückantwort"; „Tote Leiche"; „Kleiner Zwerg"; „PIN-Nummer" wobei die vorangehende Abkürzung PIN das Wort „Nummer" bereits beinhaltet	Betonend, veranschaulichend.
das Polysyndeton	Gleichwertige Satzteile werden mittels Konjunktion mehrfach aneinandergereiht.	„Einigkeit und Recht und Freiheit" (Fallersleben)	Dramatisch, verknappend.

Stilmittel	Beschreibung	Beispiel	Wirkung
die Repetitio	Wiederholung von Wörtern oder Satzteilen.	„Mein Gott, mein Gott, warum hast du mich verlassen?" (Mk 15,34); „Oh nein! Oh nein!"	Verstärkend, eindringlich.
die rhetorische Frage	Eine (Schein-)Frage, auf die keine Antwort erwartet wird. Sie dient nicht dem Informationsgewinn, sondern drückt die Meinung des Autors aus.	„Du bist auch nicht gerade der Hellste, oder?"; „Wer ist schon perfekt?"; „Hab ich dir zu viel versprochen?"	Verstärkend, eindringlich.
der Sarkasmus	Direkte oder indirekte, also ironische Aussage mit verspottender, verhöhnender und somit verletzender Wirkung.	„Überarbeite dich bloß nicht!"; „Gab es die Hose nicht in deiner Größe?"	Verstärkend, angreifend.

die Sentenz	Zusammenfassung einer vorangegangenen Argumentation oder Schilderung in Form einer knappen Aussage, die zu allgemeiner Bedeutung erhoben wird.	Die Weisheiten des chinesischen Philosophen Konfuzius; das Sprichwort „Ohne Fleiß kein Preis"; Zusammenfassung am Ende von Kapiteln in Lehrbüchern	Informativ, veranschaulichend, verknappend.
das Symbol	Ein abstrakter Begriff oder Zusammenhang wird durch ein konkretes Bild dargestellt. Oft kulturell geprägt.	Das Kreuz für das Christentum; ein Herz für die Liebe; die weiße Fahne für die Kapitulation	Veranschaulichend, einprägsam.
die Synästhesie	Verschiedene Sinnesebenen und Empfindungen werden miteinander kombiniert.	„Das klingt aber süß!"; „Knallrot"; „Stinkfaul"; „Die Brillengläser waren so dick, dass die Augen ganz leise aussahen." (Borchert)	Betonend, steigernd.

Stilmittel	Beschreibung	Beispiel	Wirkung
die Synekdoche	Ein Wort wird durch ein anderes aus demselben Bedeutungsfeld ersetzt, dabei kann es sich sowohl um einen enger als auch um einen weiter gefassten Begriff handeln. Oft wird ein spezieller Begriff oder der Plural durch den Singular ersetzt (siehe Pars pro Toto und Totum pro Parte).	„Ein Dach über dem Kopf haben" für „In einem Haus/in einer Wohnung leben"; „Deutschland spielt gegen England", wobei hier nicht die Nation, sondern die Fußballmannschaft gemeint ist; „Pro Kopf" für „Pro Person"	Verknappend, eindringlich.
die Synonymie	Kombination bedeutungsgleicher und/oder bedeutungsähnlicher Begriffe.	„Mein Mann, mein Gatte, mein Liebster!"; „Wo ist der Ausgangspunkt, der Start, der Anfang?"	Betonend, eindringlich, steigernd.

die Tautologie	Paarung von bedeutungsähnlichen Begriffen derselben Wortart, wobei beide Begriffe denselben Sinn vermitteln; die Begriffe können auch identisch sein.	„Immer und ewig", „Art und Weise", „Kurz und bündig"; „Geschäft ist Geschäft"	Betonend, steigernd.
das Totum pro Parte	Das Ganze steht für einen Teil: Ein Bestandteil einer Sache wird durch einen Begriff umschrieben, der eigentlich für die ganze Sache steht. (siehe Synekdoche und Pars pro Toto)	„Deutschland holt Gold", wobei hier eigentlich der Olympiateilnehmer als einzelne Person gemeint ist	Verknappend, eindringlich.
der Vergleich	Zwei Begriffe oder Sachverhalte, die sich in einer oder mehreren Eigenschaften ähneln, werden durch „als" oder „wie" zueinander in Beziehung gesetzt.	„Stark wie ein Bär", „Schneller als die Polizei erlaubt"	Anschaulich, betonend.

Die Rhetorik ist übrigens auch Mechanik und Instrument des Marketings. Eine Auseinandersetzung mit deren Funktionsprinzipien macht daher auch für Ihren eigenen Markenauftritt Sinn. Dass die Beschäftigung mit Rhetorik den Sprach- und Schreibsinn schult, beweist auch die große Zahl an Schriftstellern, die vormals im Marketing aktiv waren. So perfektionierten zum Beispiel Thomas Glavinic oder Martin Suter ihre Fähigkeiten als Werbetexter, bevor sie den Weg zur Schriftstellerei fanden.

Auch zur stetigen Stilverbesserung bietet sich die Rhetorik an. Übungen zur Stilsensibilisierung zeigen wir Ihnen im nächsten Kapitel.

5.3 Schreibwerkstatt: Fünf Tipps fürs Schreiben mit Stil

Wie Otto Schumann es schon vorwegnahm, ist Stil vor allem eine Frage der Bildung und Weiterbildung. Stil entsteht allmählich, er bildet sich heran. Wie bei den meisten unserer Persönlichkeitsmerkmale spielen bei der Stilentwicklung individuelle Erbanlagen, Entwicklung, Bildung, Beziehungen und Motivation eine entscheidende Rolle. Auf Papier artikuliert sich unser Stil als Abdruck unserer Persönlichkeit. Insofern ist Stil immer etwas Individuelles, das aber, wie andere Charaktereigenschaften auch, Zeit und Schicksal braucht, um sich zu destillieren. Dennoch ist die Stilfindung nicht der Willkür überlassen. Es gibt durchaus Techniken, die beim Feinjustieren helfen. Viele der Tipps stammen selbst von Autoren, die sich autodidaktisch aus Schreib- oder Stilmiseren manövrieren mussten. Die Ansätze sind allesamt praktikabel und zeigen schon nach ersten Nachahmungsversuchen Wirkung. Eines sei aber vorweggenommen: Stil ist zuallererst eine Sache des Ehrgeizes. Um einen feinen Stil zu entwickeln, müssen Sie den beständigen Willen zum Besserwerden aufbringen. Schreiben ist, wie jedes Handwerk, eine Kunst, die erst erlernt sein will. Schreiben Sie also, wann immer es geht. Nutzen Sie jede dieser Techniken mindestens mehrmals pro Monat, Woche, Tag. Ohne Training wird selbst das größte Talent verkannt in der Masse verschwinden. Arbeiten Sie also an sich. Nur so ist Ihnen der Erfolg sicher.

5.3.1 Produktives Lesen

„(…) *Schreiben ist eigentlich ein permanentes Lernen am Beispiel*", schreibt der deutsche Romancier Matthias Göritz in seinem Essay für das Buch *„Erst lesen. Dann schreiben. 22 Autoren und ihre Lehrmeister."* Die Herausgeber Kutzmutz und Porombka haben in ihrem Buch die Essenz zum perfektionierten Schreibstil brillant herausgearbeitet: Produktives Lesen.

Wer Autor werden will, muss lesen. Ob Trivial- oder Weltliteratur ist im Wesentlichen nicht wichtig, denn auch von schlechten Büchern kann man viel lernen. Zwar empfehlen die 22 Schriftsteller in dem Sammelband so hochkarätige Lehrmeister wie Novalis, Nabokov oder Flaubert. Trotzdem können Sie auch zu leichterer Lektüre greifen, um Ihren Sprachsinn zu sensibilisieren.

Wichtig ist, dass Sie regelmäßig zu Büchern greifen, um ein Gefühl für Sprachdiversität zu entwickeln. Liest man die ganze Bandbreite an klassischen sowie modernen Autoren, reichert man den eigenen Sprachstil automatisch mit den vielfältigsten Nuancen an. Autoren, die sich in ihrer Freizeit Flaubert, Freud, Dickens, Hemingway, Hesse, Stephen King oder Tolkien widmen, veredeln ihren Sprachschatz zu einem vollmundigen Bouquet.

Doch nicht nur vom Stil, sondern auch von den Techniken lässt sich viel aus den Texten der Literaturikonen abstrahieren. Dickens wird zum Beispiel angeführt, wenn es um die Gestaltung von Schauplätzen geht. Kein anderer Autor soll das Geschehen so malerisch gezeichnet haben wie er. Bei Freud gehen Leser in die Lehre, wenn es um Psychoanalyse und Persönlichkeitskonfiguration geht. Um eine Figur zu schreiben, muss man sie verstehen. Das geht dem Wissenschafter Freud so leicht von der Hand wie dem für sein psychologisches Tiefenverständnis berühmten Dostojewski. Und auch wenn es um Modelle für Figuren, Perspektiven, Inszenierung, Zeitspektren oder Dialoge geht, können Sie sich an den Großmeistern orientieren.

Versuchen Sie sich auch an Lyrik. Gedichte bilden das Gespür für Tempo, Pausen, Rhythmus und Metrum. Wichtig ist übrigens, dass Sie sowohl Prosa als auch Lyrik laut lesen. Dadurch vertiefen Sie sich auch auf akustischer Ebene in den Text und dessen Sentiment. Die sinnliche Erfahrung der Sprachmelodie schult Ihre Fähigkeiten in Satzbau und -stellung, lässt sie erahnen, was richtig klingt und was nicht, und schlägt sich über kurz oder lang auch in Ihrem eigenen Stil nieder.

Um sich Zugang zu dem Genius der Literaten zu verschaffen, braucht es nicht zwingend ein Literaturstudium. Mitunter reicht schon ein gut bestückter Bücherschrank. *„Wer liest, um zu schreiben, ist ein produktiver Leser. Er liebt die Lust des Lesens. Zugleich ist er hellwach, um zu sehen, was da eigentlich mit den Worten passiert. ‚Erst lesen, dann schreiben‘, heißt die Parole – schlicht und wegweisend."*

Übungsaufgaben

- Versuchen Sie, produktiv zu lesen. Lesen Sie ein Buch und schreiben Sie sich jene Passagen auf, die Ihnen besonders gut gefallen. Was spricht Sie an diesen Textstellen an? Was können Sie mitnehmen? Wo erkennen Sie Mängel und welche Abschnitte empfinden Sie als weniger gelungen?
- Lesen Sie ein Buch zweimal: Zuerst unter dem Aspekt der Unterhaltung, dann unter dem Aspekt des Lernens. Suchen Sie bewusst nach Stilmitteln. Wie und wo kommen diese zum Einsatz?
- Erstellen Sie eine Leseliste und arbeiten Sie sie ab. Ermitteln Sie mithilfe von Internetrecherche oder Genrelektüre, welche Bücher Sie als Krimi-, Fantasy-, Roman- oder auch Science-Fiction-Autor unbedingt gelesen haben sollten.

5.3.2 Übersetzungsarbeit

Auf der Suche nach seinem eigenen Stil experimentierte Haruki Murakami mit verschiedenen Sprachen. Es ist mehr einem Zufall geschuldet, dass der japanische Bestsellerautor sein erstes Konzept vom Roman *„Pinball 1973"* zuerst ins Englische und dann wieder zurückübersetzte. Der junge Murakami war mit der japanischen Erstfassung nicht so recht zufrieden und versuchte sich im Englischen. Erst die Übersetzung zurück ins Japanische schärfte Murakamis Stil und sein individuelles Sprachprofil wurde sichtbar. Vielleicht ist das ein Grund dafür, dass Murakami bis heute Bücher vom Japanischen ins Englische und umgekehrt übersetzt.

Auch bedeutende Schriftsteller wie Stefan Zweig, Heinrich Böll oder Ingeborg Bachmann stellten ihre Sprachkunst in den Dienst der Übersetzung. Den Sinn der Übersetzungsarbeit definierte schon Stefan Zweig: „(...) *dem Rate Dehmels, dem ich noch jetzt dafür dankbar bin, entsprechend, nützte ich meine Zeit, um aus fremden Sprachen zu übersetzen, was ich noch heute für die beste Möglichkeit für einen jungen Dichter halte, den Geist der eigenen Sprache tiefer und schöpferischer zu begreifen. Ich übertrug die Gedichte Baudelaires, einige von Verlaine, Keats, William Morris, ein kleines Drama von Charles van Lerberghe, einen Roman von Camille Lemonnier, ‚pour me faire la main'. Gerade dadurch, daß [sic!] jede fremde Sprache in ihren persönlichen Wendungen zunächst Widerstände für die Nachdichtung schafft, fordert sie Kräfte des Ausdrucks heraus, die ungesucht sonst nicht zum Einsatz gelangen, und dieser Kampf, der fremden Sprache zäh das Eigenste abzuzwingen und der eigenen Sprache ebenso plastisch einzuzwingen, hat für mich immer eine besondere Art künstlerischer Lust bedeutet."*

Daraus destilliert sich auch schon die wesentliche, die erstrebenswerte Funktion des Übersetzens: Die Erweiterung und Vertiefung, die Durchdringung des eigenen Wortschatzes. Schriftsteller bewegen sich stets an den Grenzen der Sprache. Anders als Komponisten, die Gefühle intonieren können, vermögen sie nicht für jede Empfindung eine verbale Entsprechung zu finden. Die Tätigkeit des Übersetzens jedoch zwingt uns, außerhalb unserer Sprachkonditionierung zu denken. Wenn die eigene Sprache keine adäquate Vokabel zur Fremdsprache aufbietet, müssen wir selbst eine erfinden. Diese kognitive Entgrenzung ist es, die die Sprache von jeglichen Zwängen und Neurosen befreit.

Darüber hinaus stattet die Übersetzungsarbeit den Schriftsteller mit zwei zusätzlichen für seine Karriere unabdingbaren Skills aus: Mit Geduld und Selbstdisziplin. Die asketische Arbeit der Translation setzt die Fähigkeit, Stunden nur mit seinem eigenen Geist und Wissen zuzubringen, voraus. Wer die Geduld aufbringt, ein Buch zu übersetzen, bringt auch leicht die Geduld auf, eines zu schreiben.

Übungsaufgaben

- Kaufen oder leihen Sie sich einen Gedichtband in einer Fremdsprache und versuchen Sie, die Gedichte oder einige Strophen ins Deutsche zu übersetzen. Wenn Sie keine passende Übersetzung für ein Wort finden, so erfinden Sie ein neues. Vergessen Sie nicht, was Sie im Kapitel zu Rhetorischen Stilmitteln über Neologismen gelernt haben. Entfesseln Sie Ihre Sprache!
- Kennen Sie *geflügelte Worte*? Geflügelte Worte sind die gesammelten Zitate und Aphorismen der Menschheitsgeschichte, deren Sinngehalt vom Simplifizierten bis zum Philosophischen reicht. Suchen Sie eine Übersicht aller geflügelten Worte auf Google und versuchen Sie, sie umzuschreiben. Drücken Sie Sprüche und Weisheiten wie *„Allein auf weiter Flur"*, *„Alter schützt vor Torheit nicht"*, *„Eile mit Weile"* oder *„Eine Hand wäscht die andere"* in ihren eigenen Worten aus. Die geistige Anstrengung, die diese Arbeit voraussetzt, wird sich positiv auf Ihre Ausdruckskraft auswirken. Auch durch Übersetzungen in der eigenen Sprache werden Sie sprachgewandt.
- Lesen Sie ein und dasselbe Buch, bearbeitet von jeweils einem anderen Übersetzer. Sie werden verblüfft sein, wie fein und doch auffällig die Unterschiede in den verschiedenen Sprachnuancen sind.

5.3.3 Erfahrungsaustausch

Versuchen Sie sich als Lektor. Haben Sie Freunde, die regelmäßig Beiträge auf Blogs, Social-Media-Kanälen oder sogar als freie Journalisten in Zeitungen oder Zeitschriften veröffentlichen? Oder sucht der User eines Literaturforums noch nach einem Sparringpartner? Dann bieten Sie Ihre Dienste für Feedback- und Freigabeprozesse an. Ein Lektor korrigiert Inhalte nicht nur auf Rechtschreibung und Grammatik, sondern auch auf Ausdruck, Logik und Inhalt. Wenn Sie Texte von Bekannten lesen, eröffnen Sie einen Austauschprozess, von dem Sie beide profitieren können.

Im Gegenzug können Sie auch um eine Bewertung Ihrer eigenen Textproben bitten. Im Zuge dessen gewöhnen Sie sich vielleicht auch schon an konstruktive Kritik. Stolz und Eitelkeit hemmen Sie in Ihrer Weiterentwicklung. Betrachten Sie daher jedes Feedback als Chance, besser zu werden. Ein Mehrwert von Feedbackgesprächen besteht auch im Spaßfaktor. Wenn Schreiben eine gemeinsame Leidenschaft ist, kann das Fachsimpeln über Worte, Ausdruck, Ideen, Titel, Metaphern oder Motiv auch Motivation sein. Lassen Sie sich von Meinungsverschiedenheiten inspirieren und erforschen Sie gegenseitig Ihren kreativen Horizont. Sowohl Ihr Stil als auch Ihre Kritikfähigkeit können davon nur profitieren.

Die Lust an der Literatur lässt sich übrigens auch in einem Buchclub ausleben. Rezensionen und Textkritiken vertiefen das literarische Verständnis. Tun Sie es den weltberühmten Wiener Kaffeehausliteraten gleich, suchen Sie Gleichgesinnte und wachsen Sie am Geist Ihres Gegenübers. Das schafft nicht nur Stil, sondern zeugt auch davon.

Übungsaufgaben

- Lesen Sie ein Buch Ihrer Wahl und vertiefen Sie sich im Anschluss daran in dessen Rezensionen. Können Sie die Kritik nachvollziehen? Würden Sie das Buch anders bewerten? Erlauben Sie sich einen eingehenden Gedankenprozess und schreiben Sie gegebenenfalls eine Gegendarstellung oder eine eigene Kritik.

5.3.4 Praktizierter Stilbruch

Begehen Sie den bewussten Stilbruch. Brechen Sie mit allen Regeln, indem Sie Ihren inneren Zensor ausblenden. Es ist wichtig, dass Sie immer wieder freies Schreiben praktizieren. Wenn Sie zu sehr in Stilmittel, Technik und Regeln verharren, beginnen Sie sich zu beschränken und provozieren damit womöglich eine Schreibblockade. Bedienen Sie sich an der Quelle des Bewusstseinsstroms, aber auch der Techniken, die wir schon im Kapitel zur *„Kreativität"* erläutert haben. Probieren Sie sich aus, variieren Sie im Stil und versuchen Sie sich auch einmal am Ungewöhnlichen. Das Schreiben ist ein experimentelles Feld, das Spaß machen soll. Stilperfektion oder nicht, Vergessen Sie nicht: Es gibt keinen richtigen oder falschen Stil. Es gibt nur Ihren Stil. Und wenn Sie ihn nicht schon haben, werden Sie ihn finden.

5.3.5 Lektorat

Wenn Sie ein Buch schreiben, ist es wichtig, dass Sie dem freien Fluss vertrauen. Fast alle Autoren raten davon ab, schon während des Schreibprozesses der Versuchung des Korrekturlesens zu erliegen. Das hemmt den Fortschritt enorm. Anstatt sich auf die

Weiterentwicklung Ihres Romans zu konzentrieren, verstricken Sie sich in Stilfragen und -unsicherheiten. Objektivität ist im ersten Entwicklungsstadium eines Romans ausgeschlossen. Durch eine zu frühe, zu subjektive Bewertung des eigenen Schaffens setzen Sie sich permanent dem Risiko von Selbstzweifeln aus. Bringen Sie Ihr Werk konsequent zu Ende. Die Überarbeitung, der wir uns in Kapitel 10 widmen, ist mindestens so wichtig wie das Schreiben selbst.

Der Stellenwert eines kompetenten Lektors kann in diesem Kontext nicht stark genug betont werden. Das Lektorat ist eine Aufgabe, die nur mit entsprechender Vorbildung bewältigt werden kann. Die Editierarbeit geht weit über eine reine Rechtschreib- und Grammatikprüfung hinaus. Geprüft wird ein Werk auch auf seine inhaltliche und stilistische Beschaffenheit. Die Überprüfung von Struktur, Logik und Figurenprofilen fällt ebenso in den Tätigkeitsbereich eines Lektors wie seine Bewertung des Vermarktungspotenzials bei der Zielgruppe.

Für den Autor hat aber vor allem die Aufgabe der Autorenbetreuung Gewicht – denn speziell fürs Überarbeiten braucht es den unbefangenen, wenn auch befähigten Blick eines Dritten. Eine entsprechende Leistung bietet vor allem ein Verlagslektor, der in Publikums- und Dienstleistungsverlagen sein Wissen einbringt. Für den Erfolg oder Misserfolg eines Buchs ist die Qualität des Lektorats maßgeblich. Im Self-Publishing entfällt diese Leistung. Daher ist das Lektorat eine Komponente, die Sie bei der Verlagswahl auf jeden Fall berücksichtigen sollten.

5.4 Exkurs Nonfiction

Wenn Sie ein Sachbuch schreiben, gelten oben genannte Regeln ebenso. Verwechseln Sie einen Ratgeber nicht mit einer wissenschaftlichen Arbeit! Zwar ist der Nominalstil durchaus angebracht, wenn Sie komplexe Sachverhalte darstellen wollen: Durch zu viele Nebensätze und Verben wird die Essenz eines Satzes manchmal verschleiert. Dennoch können Sie auch in einem Sachbuch von Lautmalerei und kreativen Wortschöpfungen Gebrauch machen.

Neologismen sind in einem Sachbuch sogar erwünscht. Bedenken Sie, dass andere Autoren in Zukunft auf Sie verweisen könnten. Wenn Sie einen neuen Begriff einführen und definieren, profitieren Sie womöglich noch lange Zeit nach dem Erscheinen Ihres Werks von Ihrer Originalität. Ein prominentes Beispiel dafür ist der Begriff *„psychedelisch"*, der von keinem Geringeren als Aldous Huxley, dem Autor von *„Schöne neue Welt"*, erfunden wurde. Der britische Schriftsteller experimentierte in den Fünfzigern gemeinsam mit dem Psychiater Humphry Osmond mit der halluzinogenen Droge Meskalin. Seine Erfahrungen unter dem Einfluss der bewusstseinserweiternden Substanz beschrieb Huxley später in seinem Buch *„The Doors of Perception"* mit dem damals noch neuen Wort *„psychedelisch"*. Heute zählt der Begriff praktisch zum allgemeinen Sprachschatz.

Ein Sachbuch zu schreiben, bedeutet nicht, sich stilistisch zurückzuhalten – denken Sie nur an Philosophen wie Marx oder Nietzsche, deren Werke sich auch durch eine außergewöhnliche sprachliche Strahlkraft auszeichnen. Und Sigmund Freud wird bis heute als einer der begnadetsten Schriftsteller gehandelt. Versuchen Sie im Gegenteil Spannung zu erzeugen. Die große Kunst beim Sachbuchschreiben besteht darin, auch vermeintlich trockene Materie spannend aufzubereiten. Behelfen Sie sich in langen, sehr theoretischen Textpassagen immer wieder auch mit rhetorischen Stilmitteln. Gerade die Wirkung von Metaphern kann nicht überschätzt werden, wenn es darum geht, einen abstrakten Sachverhalt zu veranschaulichen.

5.4.1 Titel und Zwischentitel

Ein Sachbuchtitel muss so gewählt sein, dass er auf eine breite Masse ansprechend wirkt, den Inhalt aber nicht verwässert. Ein Beispiel für einen gelungenen Sachbuchtitel ist *„Wer bin ich – und wenn ja, wie viele? Eine philosophische Reise"* von Richard David Precht. Es ist sicherlich auch dem Titel des Buchs zu verdanken, dass dieses sich zum absoluten Bestseller etablierte – denn der Inhalt, ein philosophischer Streifzug durch die Zeit, ist an sich kein massentauglicher Kassenschlager. Richard David Precht hat mit seinem Titel aber nicht zu viel versprochen und den schwergeistigen Stoff der Philosophie in seinem Buch unterhaltsam und spannend aufbereitet.

Damit ist schon ein Schlüsselmerkmal eines gelingenden Sachbuchtitels genannt: Der Hinweis auf den Inhalt. Selbst wenn Sie poetisch veranlagt sind, sollten Sie sich beim Sachbuchtitel mit Experimenten zurückhalten. Denn hier will der Leser sofort wissen, woran er ist und welchen konkreten Nutzen er aus dem Werk ziehen wird. Folgende Merkmale sollten Sie für die Wahl Ihres Sachbuchtitels berücksichtigen:

- **Hinweis auf das Thema:** Ob Ernährung, Mutterschaft, Stricken oder Existenzialismus – die Themenwelt des Buchs muss auf den ersten Blick erkennbar sein. Wenn Sie einen originellen Titel im Sinn haben, der seinen Inhalt nicht verrät, dann helfen Sie sich mit einem erklärenden Untertitel.

- **Wettbewerbsfähigkeit:** Studieren Sie den Markt, bevor Sie sich für einen Titel entscheiden. Zu welchem Themenbereich wurde schon zu viel gesagt, zu welchem zu wenig? Wie könnten Sie den Neuigkeitswert Ihres Werks noch stärker im Titel betonen? Verraten Sie Ihrem Publikum, welche verborgene Botschaft Sie in Ihrem Werk preisgeben werden.
- **Persönliche Anrede:** Wenn Sie den Effekt noch verstärken wollen, dann sprechen Sie Ihren Leser im Titel oder Untertitel – je nach Zielgruppe mit *„Du"* oder *„Sie"* – direkt an. Zum Beispiel klingt der Titel *„Vegan für Anfänger"* noch etwas matt. Wenn Sie aber *„Vegan für Anfänger. So bringen Sie Lebensfreude in Ihre Küche"* schreiben, fühlt sich der Leser viel stärker angesprochen und aktiviert. Das Beispiel mag nicht besonders originell sein, es geht allerdings nur um die Veranschaulichung des Effekts. Ziehen Sie Ihren Leser in Ihr Werk – wenn Sie Glück haben, bleibt er auch.
- **Hinweis auf die Zeit:** Eine Entscheidung für oder gegen ein Buch ist immer auch eine Zeitfrage. Nehmen wir an, Sie schreiben einen Ratgeber über Selbstliebe und rollen den Inhalt auf 200 Seiten auf. Der Titel lautet vielleicht: *„Selbstliebe und Achtsamkeit für ein erfülltes Leben."* Gleichzeitig veröffentlicht ein anderer Autor ein ähnliches Werk mit einer ähnlichen Seitenzahl und gibt dem Buch den Titel: *„In 10 Schritten zu einem positiven Selbstbild. So führen Sie ein erfülltes Leben!"* Zu welchem Buch würden Sie greifen? Die meisten Menschen würden zum zweiten tendieren, denn der Titel verspricht einen kompakten Inhalt. Für den Leser entsteht der Eindruck, dass er mit wenig Aufwand viel erreichen kann. Und genau das ist der Trick: Klären Sie Ihren Leser schon im Titel über das ungefähre Zeitinvestment auf, das ihn erwartet. Wenn Sie hier, wie populäre Onlinemedien, nach dem Schema *„5 Tipps für …"*, *„In 10 Schritten zu …"* oder *„Die besten …"*, *„Die originellsten …"* oder auch *„Die skurrilsten …"* arbeiten, wird Ihnen die Aufmerksamkeit Ihrer Leser sicher sein.

- **Das Beste kommt zum Schluss:** Setzen Sie sich nicht unter Druck, wenn Ihnen einfach kein Titel für Ihr Werk einfallen will. Wenn Sie Ihr Buch schreiben und dabei Ihrer Kreativität freien Lauf lassen, werden Sie sowieso wie von selbst über Ihren Titel stolpern.

5.5 Autoreninterview mit Sarah Samuel

Sarah Samuel ist das Pseudonym des österreichischen Autorenpaares Gerlinde und Harald Niederreiter, das mit *„Schwarzer Halbmond"* und *„Das Lazarettkind"* zwei Romane veröffentlicht hat, die sowohl inhaltlich als auch stilistisch brillieren. Ihre persönliche Leidenschaft für das Genre spornte das Autorenpaar 2019 zur Stiftung eines eigenen Literaturpreises für Kurzprosa an. Der *„Sarah-Samuel-Preis für Kurzprosa",* der in gemeinschaftlicher Mission mit dem Literaturarchiv Salzburg und dem Literaturhaus Graz verliehen wird, ist mit € 10.000,- dotiert und trägt dem hohen Anspruch, den die Literatur an die Kurzgeschichte stellt, angemessen Rechnung. Das literarische Schaffen des Paares, das vor dem Schriftstellerdasein von den Fachbereichen Mathematik und Geschichte geprägt war, zeugt nicht nur von einer bewegten Vergangenheit, sondern auch von einem tiefen Verständnis für Sprache und Stil. *www.samuel.pageonpage.com*

„Der Unterschied zwischen dem richtigen Wort und dem beinahe richtigen Wort ist so groß wie der Unterschied zwischen einem Blitz und einem Glühwürmchen", **sagte einst Mark Twain. Würden Sie dem zustimmen, und wenn ja, warum?**

Das ist ein typisches Zitat eines Schriftstellers aus dem 19. Jahrhundert, in dem hervorragendem Stil ein großer Vorrang gegenüber anderen formalen Aspekten von Texten wie thematischem Aufbau, Struktur, Erzählperspektive etc. eingeräumt wurde. Von anderen Autoren aus dieser Zeit sind vergleichbare Äußerungen und Berichte überliefert. So hat zum Beispiel Gustave Flaubert angeblich oft stundenlang oder gar tagelang um das *„mot juste",* um das einzig richtige Wort, gerungen. Diesen absoluten Primat des Stils sehen wir heute nicht mehr. Wichtig ist begreiflicherweise, dass die Sprache klar zum Ausdruck bringt, was der Autor sagen will. Dazu gibt es aber in vielen Fällen mehrere passende Möglichkeiten. Und welche Instanz ist denn überhaupt befugt zu entscheiden, welche dieser Möglichkeiten die allerbeste ist?

In vielen Nachschlagewerken für Autoren und jene, die es werden wollen, wird ein kurzer, klarer, zum Komprimat gepresster Schreibstil verfochten. Andere Ratgeber betonen die Unverzichtbarkeit einer bunten, bildhaften Serifensprache. Wie stehen Sie zum Stilbeschnitt: Streichen oder nicht streichen?

Generell sollte der Stil dem Sujet, dem sozialen und geographischen Milieu und dem Zeitalter der Handlung angemessen sein. Bei einem Roman über den französischen Hochadel zur Zeit des Sonnenkönigs erwartet der Leser eine andere stilistische Aufbereitung als bei einem, der in der heutigen Berliner Drogenszene spielt. Das erklärt auch, warum man in der angesehenen und etablierten Literatur eine Vielfalt von Stiltypen vorfindet. Nur beim Genre der Kurzgeschichte könnte man vielleicht einen konzisen und prägnanten Stil empfehlen.

In manchen Autorenkreisen kursiert die These des *„reinen Genies".* Verfechter der Theorie behaupten, dass das Lesen fremder Werke den eigenen Stil verwässert. Denken Sie, dass eine Beeinflussung der eigenen Sprache durch eine fremde möglich ist?

Die unerlässliche Voraussetzung für guten Stil ist ein großer Wortschatz. Der Wortschatz ist das Handwerkszeug des Autors. So wie der Gemäldemaler eine riesige Zahl von Farben auf seiner Palette verfügbar haben muss, so sollte der Autor eine große, tiefe Truhe voll mit Wörtern besitzen. Doch die Wörter werden nicht bei der Geburt mit dem Erbgut mitgeliefert, sie müssen erlesen und angeeignet werden. Daher erachten wir es als unabdingbar, neben der schriftstellerischen Tätigkeit viel zu lesen. Dabei braucht es nicht immer erhabene Literatur zu sein, selbst beim Lesen der Tageszeitung lernt man spezifische Ausdrücke und Wendungen aus dem gesamten Spektrum des menschlichen Lebens, welche die eigene dichterische Sprache dann präzise und stimmig machen. Die Gefahr der *„Verwässerung"* sehen wir nicht. Der Stil eines wahrhaft talentierten Autors wird robust gegen externe Anfechtungen sein.

Wenn man Ihre Bücher, *„Das Lazarettkind"* und *„Schwarzer Halbmond"*, liest, entsteht relativ schnell der Eindruck, man habe es mit einer qualitätvollen, gehobenen und zugleich geduldigen Sprache zu tun. Ihre Sprache verführt, ohne ins Überdrüssige zu münden. Wie haben Sie zu Ihrem Stil gefunden?

Wir sollten vorausschicken, dass wir erst spät in unserem Leben mit der schriftstellerischen Tätigkeit begonnen haben. Daraus folgt aber, dass wir auf einen reichen Schatz an Erfahrungen und Leseerlebnissen zurückgreifen konnten. Gepaart mit einem ausgeprägten Sinn für Ironie und schwarzen Humor ist daraus wohl ein recht persönlicher Duktus entstanden, der jedoch immer auch den Leser und sein Anrecht auf Verständlichkeit im Auge hat. Was wir absolut hassen, sind Obskurität und Schlamperei in der Sprache, und daher versuchen wir stets, diese Sünden zu vermeiden.

Wie sieht es mit dem Gleichgewicht aus zwischen dem, was man tun sollte, und dem, was man tun wollte? Sind Schreibtechniken allgemeine Doktrin oder sollte doch der individuelle, dem Regelsystem widerstrebende Stil den höheren Stellenwert einnehmen?

Wir halten nicht viel vom Konzept eines Regelsystems. Die Befolgung schablonenhafter Leitlinien führt sicherlich nicht zu einem guten und flüssigen Schreibstil. Ist einem die Gnade des individuellen Stils gegeben, so soll man den Mut haben, diesem in seinen literarischen Werken einen entsprechenden Freiraum zu gewähren.

Braucht es unbedingt einen eigenen Stil oder überwiegt manchmal auch die Wertigkeit der Story?

Verlage lehnen Manuskripte gerne deswegen ab, weil dem Autor ihrer Ansicht nach eine *„eigene Stimme"* fehlt. Andererseits wird der Leser bei vielen Bestsellerautoren gleichfalls keine *„eigene Stimme"* entdecken. Sie schildern eine packende Story und bedienen sich dabei einer flüssigen und übersichtlichen Erzählweise ohne Manierismen. Hat man als Autor eine wirklich originelle und bewegende Geschichte anzubieten, so genügt es sehr wohl, diese einfach nur geradlinig und gut organisiert zu Papier zu bringen. Die Anschaulichkeit von Beschreibungen schadet in diesem Fall naturgemäß nicht, aber wichtig ist unserer Meinung nach vor allem die Klarheit der Sprache. Ist die Handlung des Werks hingegen banal, dann kann es eigentlich nur durch einen großartigen Stil gerettet werden.

Denken Sie, Stil ist erlernbar?

Generell hegen wir starke Zweifel gegenüber der *„Verschulung"* des literarischen Schaffens. Wie viele bekannte Schriftsteller sind denn schon aus Schreibwerkstätten hervorgegangen? Ganz ohne Begabung wird es leider schwer sein, zu einem anerkannt guten Stil zu gelangen. Das heißt aber nicht, dass man gar nichts dazutun kann. Weit gestreut und fleißig zu lesen hilft jedenfalls.

Durch welche Techniken lässt sich der eigene Stil noch verbessern?

Sechs Schlüsselwörter sind hier fundamental: Geduld, Geduld, Geduld und Polieren, Polieren, Polieren. Selbst wenn man meint, schon viel zu viel Zeit in einen Text investiert zu haben, lohnt es trotzdem die Mühe, das Manuskript vor dem Absenden noch ein- bis zweimal aufmerksam durchzugehen. Man wird nach wie vor da und dort eine feinere Nuance, eine kleine Unstimmigkeit, ein zusätzliches beschreibendes Adjektiv finden. Figuren der Handlung werden lebendiger, wenn man ihre Statur, ihre Haarfarbe und andere körperliche Merkmale beschreibt. Andererseits ist es kunstlos, Charakterzüge einer Figur einfach aufzulisten. Diese sollten sich aus ihrer Verhaltensweise im Kontext der Handlung für den Leser selbst erschließen.

Von welchen Schriftstellern kann man stilistisch viel lernen? Können Sie Beispiele nennen?

In der deutschsprachigen Literatur gibt es selbstverständlich Großmeister des farbigen Stils, bei den Klassikern angefangen. In der neueren Zeit sind gewiss Max Frisch, zum Beispiel in *„Stiller"*, Günter Grass, zum Beispiel in der *„Blechtrommel"*, und Christoph Ransmayr in allen seinen Werken Vorbilder, aber auch die relativ junge Schriftstellerin Judith Schalansky. Zieht man einen einfachen und klaren – und dennoch eindrucksvollen – Stil vor, dann sollte man sich an Franz Kafka orientieren.

5.6 Praxistipp von Sarah Samuel

Auch beim Schreiben sollte man, wie beim Sport, trainieren und immer wieder trainieren. Wir empfehlen die Abfassung von Textminiaturen, beispielsweise eine gute alte Bildbeschreibung oder die Aufzeichnung einer bemerkenswerten Begegnung. Mit dem Abstand von einigen Wochen sollte man eine solche Miniatur selbstkritisch lesen und wie ein gestrenger Lektor korrigieren. Aus geglückten Minitexten könnten später sogar Kurzgeschichten entstehen.

FIGUREN

> *„Und die Weisheit im Leben besteht vielleicht in der Frage: Warum?"*
> Honoré de Balzac

6.1 Figuren vs. Handlung

Romane lassen sich auf mannigfaltige Arten interpretieren. In der Literaturwissenschaft werden Differenzierungen auf allen Ebenen, von der Narratologie über die Intertextualität, Ästhetik und Rhetorik bis zur Methodik, vorgenommen. Die Methodik zieht vor allem Schriftsteller, die noch am Anfang ihrer Karriere stehen, in den Bann. Denn nicht nur die Romane, sondern auch die Methoden großer Schriftsteller ermöglichen konstantes Lernen am Modell.

Viele Autoren studieren wie besessen die Aufzeichnungen von großen Köpfen, die in ihrem Nachlass aus Notizen, Skizzen, Niederschriften und Gedankenfragmenten womöglich die eine große Geheimformel für den Roman von Weltformat hinterlassen haben. Dabei zeichnet die erfolgreichsten Werke vor allem ein gemeinsames Charaktermerkmal aus: Die Tiefe ihrer Figuren.

Ob Heathcliff, Anna Karenina, Madame Bovary, Gatsby oder Patrick Bateman – die Bilder unserer Lieblingsprotagonisten brennen sich mitunter schärfer ein als die Handlung, durch die sie sich bewegen. Zwar wird in der Methodik zwischen von der Handlung und zwischen von den Figuren getriebenen Romanen unterschieden. Eine strikte Trennung ist aber kaum möglich. Die Bewegung erzeugen tatsächlich erst die Figuren, die in ständiger Wechselwirkung mit der Handlung stehen. Denn was wäre eine Idee, ein origineller Einfall, ohne Figur, die sie emittieren kann? Insofern sollte Ihr erstes Interesse der Entwicklung Ihrer Figuren gelten. Erst die Motive, Konflikte, Erwartungen, Sehnsüchte, Tragödien, Träume, Erhebungen und Heldentaten eines Protagonisten bringen Ihren Plot zum Ziel. Ein Motiv ohne Träger, der es transportierten kann, verliert sich im Selbstzweck.

Darüber hinaus muss die Möglichkeit zur Identifikation mit einer Romanfigur gegeben sein. Gewissermaßen suchen wir in Figuren immer auch uns selbst. Zwar entspringen sie der Freizügigkeit der Fiktion, doch ausgerechnet ihr Anteil an Wahrheit ist es, der uns fasziniert. Wahrscheinlich fallen Ihnen andere Figuren als die oben genannten ein, wenn Sie nach Beispielen für ikonische Romanprotagonisten suchen. Das liegt daran, dass Sie sich aufgrund Ihres individuellen Hintergrunds nur in ausgewählten Identitäten wiederfinden.

Die Ausarbeitung einer nachvollziehbaren, authentischen Figur muss für Sie als Schriftsteller daher oberste Prämisse sein. Denn ohne Figurentiefe verläuft sich selbst die genialste Idee im Leeren. Dies brachte schon Schriftsteller und Schreiblehrer Lajos Egri in seinem Standardwerk *„Literarisches Schreiben"* zum Ausdruck: *„Eine Idee allein reicht nie für eine gute Story, eine starke Figur dagegen schon."*

Doch wie zeichnet man Figuren, die so durchdringend sind, dass wir sie auch lange Zeit nach dem Lesen eines Romans noch in uns wirken fühlen?

6.2 Wo Sie interessante Figuren finden

Zu Beginn begehen viele Schriftsteller den Fehler, Figuren ausschließlich nach ihrem eigenen Abbild zu erschaffen. Die Nachteile liegen auf der Hand: Erstens wird sich der literarische Stoff bald erschöpfen. Zweitens genügt das eigene Persönlichkeitsmodell vielleicht als Vorlage für einen Protagonisten. Für Gegen- und Nebenspieler sollte die Palette an Persönlichkeitsmerkmalen aber wesentlich breiter sein. Andernfalls riskieren Sie einen eintönigen Roman. Dabei ist es gerade die Vielschichtigkeit, die gute von schlechten Romanen unterscheidet.

Außerdem sind es oft die Randfiguren, die Profile der Verstoßenen und Verwegenen, die beim Publikum auf Interesse stoßen. Denken Sie nur an Patrick Bateman aus Bret Easton Ellis' polarisierendem Roman *„American Psycho"*. Kaum ein Protagonist erzeugt so viel Ekel und Widerwillen in seinem Publikum wie der US-amerikanische Yuppie, der des Tages dem Konsum und des Nachts der Mordlust frönt. Trotzdem war der Roman ein weltweiter Erfolg. Später sollte der Bestseller sogar mit Christian Bale in der Hauptrolle verfilmt werden.

6.2.1 Recherche

Doch wo sind sie zu finden, die wirklich interessanten Figuren? Nach welchem Abbild schafft man die Genies, die komischen Käuze und Gesellschaftsabtrünnigen? Die Antwort liegt – wie immer in der Ideenfindung – in der Recherche. Dabei ist keinesfalls nur die Literaturrecherche gemeint. Zwar können Sie sich zum Zwecke der Inspiration der in **Kapitel 4** beschriebenen Rechercheinstrumente bedienen, doch die aufmerksame Alltagsbeobachtung wird Sie zu ausgezeichneten Charakterportraits anregen. Dabei muss der schrullige alte Mann auf der Parkbank mindestens so wertvoll für Sie sein wie der mittellose Musiker, der sein Akkordeon jeden Morgen von 08:00 Uhr bis 10:00 Uhr ausschließlich in der Straßenbahn bespielt. Studieren Sie reale Menschen, Gesichter, Körper, Spleens, Macken und Verhaltensweisen und statten Sie Ihre Figuren damit aus.

Vorsicht ist allerdings bei der Beobachtung persönlicher Bekanntschaften geboten. Das Persönlichkeitsrecht im Grundgesetz schützt Freunde und Verwandte davor, dass diese sich als Abziehbild ihrer Selbst in Ihrem Roman wiederfinden. Natürlich wird sich nicht vermeiden lassen, dass Sie Ihre Fantasie mit den Personen aus Ihrem näheren Umfeld bespicken. Dennoch ist die Kopie nach dem menschlichen Original nicht nur aus rechtlichen, sondern auch aus moralischen Gründen unbedingt zu vermeiden.

6.2.2 Charaktermodelle

Schriftsteller verstehen sich aufs Überspitzen. Nachdem aber ein Abbild der Fantasie, und kein Abbild der Realität geschaffen werden soll, ist das durchaus auch zulässig. Im Gegensatz zum Journalismus, wo die Information im Vordergrund steht, liefert die Literatur – Nonfiction ausgenommen – vordergründig Unterhaltung und Zerstreuung und ist ein Fluchtventil. Aufbauend auf diesem Gedanken dürfen auch Ihre Figuren ruhig ein wenig überzeichnet sein. Das wird nicht nur Ihnen, sondern auch Ihrem Publikum die Einordnung Ihrer Protagonisten in ein bestimmtes Persönlichkeitsschema erleichtern. Dieser Schritt ist wichtig, damit das Publikum sowohl die Figur als auch das Thema bzw. Motiv eines Romans voll erfassen kann. Wenn Sie den von Ihnen geschaffenen Charakter mit zu vielen Identitäten, wie wir sie von unserem Alltag kennen, versehen, wirkt sein Profil verwässert. Während wir vor unseren Vorgesetzten vielleicht eine völlig andere Person verkörpern als vor unseren Freunden, Eltern oder Partnern, sollte die Charakterzeichnung Ihrer Figur grundlegend unflexibel sein.

Das bedeutet nicht, dass die von Ihnen erfundene Person nicht zu Veränderungs- und Weiterentwicklungsprozessen fähig sein, sondern dass ihr Persönlichkeitsprofil durch sensible Beschreibung in verschiedenen Szenen und Situationen klar und unmissverständlich herausgearbeitet sein soll. Zu diesem Zweck können Sie sich populärer Charaktermodelle bedienen. Einige seien als Beispiel hier aufgeführt:

- Der Egozentriker
- Der Philanthrop
- Der Misanthrop
- Der Ökonom
- Der Rationalist
- Der Esoteriker
- Der Melancholiker
- Der Phlegmatiker
- Der Choleriker
- Der Introvertierte
- Der Extrovertierte
- Der Künstler
- Der Hilfsbereite
- Der Ökologische
- Der Chauvinist
- Der Held

Die Modelle erscheinen Ihnen zu plump? Täuschen Sie sich nicht. Hinter den Beispielen verbirgt sich kein Klischee, sondern ein echter Kunstgriff. Charaktermodelle führen im Figurenentwurf nicht etwa zu Verrohung, sondern zu vielen Vorteilen. Ausgehend von dem Modell können Sie nämlich so viele verschiedene Facetten, Verhaltensweisen und -stränge ableiten, dass Sie Ihre Figur mit noch mehr Dichte und Dreidimensionalität versehen können.

Nehmen wir an, Ihr Hauptprotagonist entspricht der klassischen Idee eines Rationalisten. Ausgehend von diesem Modell lässt sich auf zahlreiche kleinere Persönlichkeitsmerkmale und Eigenschaften schließen. Die Definition Ihrer Figur als Rationalist wird Ihnen Antworten auf viele Fragen zur Gestaltung von Szenen, Dialogen und Dialoggruppen liefern, zum Beispiel:

- Welchen Job hat meine Hauptfigur?
- Welche Position bekleidet sie?
- Wie verhält sie sich in der Arbeit?
- Wie sieht ihr Freundeskreis aus?
- Wie gestaltet sie ihre Freizeit?
- In welche Person könnte sie sich verlieben?
- Wo wohnt sie? In der Stadt oder am Land?
- Wie sieht ihre Wohnung/ihr Haus aus?
- Wie sieht die Person aus?
- Welchen Kleidungsstil bevorzugt sie?
- Wie ist es um ihre Gesundheit/ihre Fitness bestellt?

Wenn Sie das Charaktermodell Ihrer Figur von vornherein festlegen, dann wird Ihnen die Detailzeichnung nicht sonderlich schwerfallen. Darüber hinaus beantwortet der Prozess gleichzeitig auch die wichtigste Frage in der Figurenentwicklung: Die Frage nach dem **Warum**.

Die Beantwortung dieser Frage soll und wird der Grundpfeiler Ihrer gesamten Geschichte sein. Sowohl Ursachen als auch Wirkung werden ausschließlich von dem Warum abgeleitet. Wenn Sie nicht wissen, wer Ihre Figur ist, fehlt Ihnen praktisch das Herz Ihres Romans: das Motiv. Die Figur, deren Motivation, Beweggründe und Bewegungen sind die Hauptschlagader Ihrer Handlung. Ohne die gründliche Ausarbeitung Ihrer Figuren gerät die Handlung ab einem bestimmten Punkt unvermeidlich ins Stocken. Ihre Leser riskieren Sie dadurch ebenso zu verlieren wie Ihren roten Faden.

6.2.3 Archetypen

„Irgendwann kommt jeder Autor mit dem Mythischen, Poetischen und Symbolischen in Berührung. Deswegen sollte er sich bewusst machen, dass bestimmte Themen in der Erzählkultur tief verwurzelt sind", schreibt Roy Peter Clark in seinem Basiswerk *„Die 50 Werkzeuge für gutes Schreiben"*.

Um Ihrem Publikum die Identifikation mit Ihrem Werk zu erleichtern, wenn nicht zu ermöglichen, sind Archetypen äußerst wertvoll. Archetypen, die ursprünglich vom Psychologen und Psychiater Carl Gustav Jung definiert wurden, sind wiederkehrende Motive der Menschheitsgeschichte. Verarbeitet zu Märchen, Mythen, Sagen ebenso wie Filmen und Romanen wiederholen sich diese Motive, die in der Regel sehr bildhaft abgebildet sind, von Homer bis heute immer wieder.

Archetypen sind kurz umschrieben Urgeschichten, die in uns verankert und angelegt sind. Unbewusst erkennen wir sie wieder, identifizieren ihre Muster und interpretieren sie. Ihre Motive begegnen uns in Theaterstücken und Büchern ebenso wie in Gedichten, Filmen, Drehbüchern, Musikstücken und Opern oder auch in unseren Träumen. Spannend ist, dass Archetypen kulturübergreifend auftreten. Sie funktionieren unabhängig vom kulturellen Status und

Hintergrund. Verständlicher wird das Prinzip, wenn man es veranschaulicht. Bestimmt kommen Ihnen die Beispiele bekannt vor. Folgende Archetypen hat Roy Peter Clark aus der Vielzahl ihrer Variationen herausgegriffen:

- Reise und Rückkehr
- Die Hoffnung auf den Preis
- Einen geliebten Menschen verlieren oder gewinnen
- Verlust und Wiederherstellung
- Der Segen wird zum Fluch
- Die Überwindung von Hindernissen
- Phönix aus der Asche
- Das hässliche Entlein
- Der Kaiser ohne Kleider
- Abstieg in die Unterwelt

Kommen Ihnen diese Muster bekannt vor? Wo haben Sie Geschichten, die auf den oben genannten Archetypen beruhen, schon einmal gelesen, gesehen oder gehört? Bestimmt ist Ihnen jedes der Beispiele in der ein oder anderen Form schon einmal begegnet. Ob Liebesromane, Sagen, Fabeln oder Bibelverse – die dem Archetypus zugrunde liegenden Muster wurden in der Menschheitsgeschichte immer und immer wieder aufgerollt.

Beispielhaft hat Joseph Campbell diese Bewusstseins- und Handlungsmuster in seinem Werk *„Der Heros in tausend Gestalten"* vorgestellt. Der Literaturprofessor und Autor hat am berühmten Heldenepos der griechischen Mythologie veranschaulicht, auf welchen Schemata die Strukturen basieren.

Doch warum sind die Archetypen für Ihre Figurenkreation wichtig? Weil Sie sie in Ihren Figuren anlegen können. Gehen wir zum

Beispiel von dem *„Hässlichen Entlein"* aus, das Clark als gängigen Archetypus angeführt hat. Wenn Sie eine Figur nach diesem Vorbild konzipieren, verschaffen Sie sich einen essenziellen Vorteil: Sie kreieren nicht nur eine Figur, sondern gleichzeitig auch eine Handlung. Der Konflikt ist dem Persönlichkeitsprofil Ihrer Figur schon innewohnend. Die Handlung ergibt sich schon aus den Fragestellungen, die Sie an Ihre Figur, das *„Hässliche Entlein"*, richten müssen:

- Wer ist meine Figur? *(Figur)*
- Wie sieht meine Figur aus? *(Figur)*
- Wie nehmen Nebenfiguren meine Hauptfigur wahr? *(Figur und Handlung)*
- Welche Erfahrungen macht meine Hauptfigur? *(Figur und Handlung)*

An diesem Beispiel zeigt sich sehr deutlich, wie eng Figuren- und Handlungsentwurf miteinander verwoben sind. Bauen Sie Ihre Geschichte auf einem Archetypus auf, wird das auch bei Ihren Lesern auf Anklang stoßen, denn diese werden das Muster unbewusst erkennen und sowohl an der Figur als auch an der Handlung Gefallen finden.

6.3 Figurenentwicklung: In zehn Schritten zur Kunstfigur

Welche Vorarbeit und -gedanken zur Figurenrecherche geleistet werden müssen, wurde in den vorangegangen Kapiteln geschildert. Im nächsten Schritt können Sie Ihre Figur konkretisieren. Dazu haben wir ein Zehn-Schritte-System erarbeitet, das Ihnen helfen wird, mit Ihrer Figur Bekanntschaft zu machen. Vergessen Sie nicht: Erst wenn Sie Ihre Figur durch und durch kennen, können Sie sie auch Ihren Lesern begreiflich machen. Ein lückenloses Charakterprofil ist für ein gelungenes Buch unumgänglich.

1. **Definieren Sie ein Charaktermodell.** Welcher Modelle Sie sich bedienen können, um Ihren Charakter zu schärfen, haben wir im Kapitel über Charaktermodelle schon erörtert. Beginnen Sie bei der Konzeption Ihrer Figur immer mit ihrem Charakter. Daraus lassen sich alle weiteren Eigenschaften leicht ableiten. Legen Sie im ersten Schritt konkret fest, ob ein Egoist, ein Exzentriker, ein Extrovertierter oder ein Introvertierter im Mittelpunkt Ihrer Handlung steht. Ob ein Protagonist sein Haar geglättet und gegelt oder ruppig und rebellisch trägt, wird sich aus Ihrem Charakterprofil ebenso erschließen wie dessen Komplexe oder Konflikte. Die Definition des Charaktermodells sollte am Beginn jedes Charakterbogens stehen. Einen Charakterbogen können Sie mit einem Steckbrief vergleichen, der die kennzeichnenden Merkmale – sowohl äußere als auch innere – festhält. Eine Vorlage für einen Charakterbogen finden Sie im Kapitel 6.3.1.
2. **Aussehen. Skizzieren Sie ein Portrait.** Für die Fantasie Ihrer Leser ist das Aussehen Ihrer Hauptfigur essenziell. Daher sollten Sie sich auch in scheinbar profane Fakten wie Frisur, Figur oder Augenfarbe und -form Ihrer Figur vertiefen. Unterschätzen Sie nie die Wirkung von Details wie etwa Statur oder Alter. Das Alter zum Beispiel verrät, auf welchen Erfahrungs- und Erlebnishorizont Ihre Figur schon zurückblickt. Wählen Sie das Alter mit Bedacht. Wissen und Lebensreife eines Vierzigjährigen unterscheiden sich merklich von denen eines Zwanzigjährigen. Ihre Figur verliert an Authentizität, wenn sie mehr weiß, als sie nach ihrem individuellen Entwicklungsstand wissen sollte. Doch auch weitere Merkmale, die vermeintlich nur das Aussehen betreffen, verleihen Ihrer Hauptfigur Tiefe. Denken Sie zum Beispiel an die Hautfarbe, die Aufschluss über die Ethnie und Kultur einer Person geben kann. Nehmen Sie sich allerdings vor Verallgemeinerungen oder Klischees in Acht. Damit langweilen Sie

nicht nur sich selbst, sondern auch Ihr Publikum. Zuletzt verschaffen Sie Ihrer Figur mit ein paar ausgewählten Merkmalen Tiefenschärfe. Narben, Pigmentflecken, Augenfarbe oder die Zahl der Finger – machen Sie Ihre Figur zu etwas Besonderem. Das gilt übrigens auch für Ihre Nebenfiguren. Ungewöhnliches sorgt dafür, dass sich Ihr Publikum Ihre Protagonisten besser einprägt. Der Gärtner mit dem braunen Haar und den blauen Augen dringt sicher nicht so tief ins Gedächtnis wie der Gärtner mit dem blauhaarigen Bürstenschnitt. Auffällige Details helfen Ihren Lesern auf die Sprünge, wenn eine Figur für eine Zeit von der Bildfläche verschwindet, nur um dann umso überraschender wieder aufzutauchen.

3. **Authentizität. Lernen Sie Ihre Figur kennen.** Die bisher beschriebenen Kriterien dienen einem Anspruch, den jede Figur ausnahmslos erfüllen muss: Authentizität. Damit Ihre Figur in all ihrem Handeln authentisch ist, müssen Sie alle Bausteine ihrer Biografie kennen. Das betrifft auch jene Aspekte, die Sie Ihren Lesern vielleicht nicht mitteilen werden. Der selbstbewusste, smarte Kerl, den Sie umschreiben, hat ein Auslandssemester in Spanien zugebracht? Dann verbringt er den Abend mit seinen Freunden vielleicht in einer Tapas-Bar. Die Szene in der Tapas-Bar werden Sie schildern, während Sie die Tatsache, dass ein Teil des Studiums in Madrid absolviert wurde, vielleicht nie erwähnen. Oder aber Ihr Hauptprotagonist fordert sein Date zum Tanz auf. Auch in dieser Szene gestaltet die Vergangenheit das Verhalten. Tanzen Ihre Figuren Foxtrott oder doch Flamenco? Die Entscheidung darüber liegt in der Vergangenheit begründet. Und die Vergangenheit, die kennen nur Sie – weil sie Ihrer Fantasie entspringt. Authentizität spiegelt sich auch in den Dialogen wider. Alle Aussagen eines Charakters sind immer auch Anhaltspunkte für dessen Identität. Damit Sie Ihre Figur in all ihren Facetten durchleuchten können, empfehlen wir eine von

Lajos Egri definierte Methode: Um Ihre Figur kennenzulernen, treten Sie mit ihr in einen schriftlichen Dialog. Fragen Sie sie alles, was Ihnen einfällt. Das könnte zum Beispiel so aussehen:

Autor: Joah, warum bist du eigentlich immer so gut drauf? Wie machst du das?

Protagonist: Na ja, ich bemühe mich eben einfach. Das gehört sich so.

Autor: Du bemühst dich? Heißt das, du bist gar nicht so gut drauf, wie du immer tust?

Protagonist: Nein. Natürlich bin ich nicht immer gut drauf. Aber schlechte Laune, schlechte Stimmung – das hat in der Öffentlichkeit eben einfach nichts verloren.

Autor: Wie kommst du darauf?

Protagonist: Das haben mir meine Eltern so mitgegeben. Es gibt einfach Dinge, die man tut, und Dinge, die man unterlässt.

Autor: Zum Beispiel?

Protagonist: Das fragst du noch? Das weiß man doch! Also sich nach außen hin schlecht gelaunt zu geben, ist ungefähr so, als ob man in der Öffentlichkeit rülpsen würde. Nichts Schlimmeres als das!

Autor: Ach, das ist doch nicht so schlimm. Das passiert schon mal. Übertreibst du nicht ein bisschen?

Protagonist: Nein.

Autor: Aha. Und wie sieht es wirklich in dir drin aus?

Protagonist: Na ja, dir kann ich es ja sagen. Eigentlich geht es mir echt schlecht. Aber man muss eben die Fassade wahren. Wer in den Augen der anderen scheitert, der scheitert auch an sich selbst.

So oder so ähnlich könnte ein Zwiegespräch mit Ihrer Hauptfigur aussehen. Erkennen Sie, wie hilfreich das Instrument des Dialogs ist? Alleine schon aus diesen wenigen Zeilen gewinnen

Sie wesentliche Erkenntnisse. Joah, so der Name des Protagonisten, scheint ein sehr konservativer Mensch zu sein. Der Status und dessen Aufrechterhaltung in der Gesellschaft stehen über allem. Wahrscheinlich haben auch Joahs Eltern schon ein sehr traditionelles Rollenbild verkörpert. Aus dem Gespräch lässt sich schließen, dass Joah bei beiden Elternteilen aufgewachsen ist. Eine Scheidung wäre in den Augen von Joahs Eltern einem gesellschaftlichen Ausschluss gleichgekommen. Vor allen Dingen gilt, in der Öffentlichkeit sein Gesicht zu wahren. Hier zeichnet sich aber auch schon ein erster Konflikt der Figur ab. Joah mimt den Frohgemuten. Um seine Gefühlslage ist es aber widersprüchlich bestellt. Vielleicht fühlt Joah sich zerrissen, seine Erziehung lässt es aber nicht zu, dass er sich jemandem anvertraut. Vor allem auf Frauen wirkt Joah unnahbar. Dabei sehnt er sich so sehr nach einer Familie.

Erkennen Sie das Potenzial, das Joahs Persönlichkeit für den Aufbau einer spannenden Geschichte birgt? Probieren Sie es aus! Die Dialogmethode eignet sich übrigens ideal für Figurentypen, die Ihnen persönlich völlig fremd sind. Hinter- und Beweggründe auch von Randfiguren lassen sich im Gespräch erschöpfend erforschen.

4. **Protagonisten und Antagonisten. Setzen Sie die Akteure zueinander in Beziehung.** Die Akteure einer Geschichte handeln, wie auch Menschen des echten Lebens, in Bezug aufeinander. Auch hier müssen Sie wieder akribisch darauf achten, dass das Geschehen authentisch bleibt. So müssen nicht nur potenzielle Partner, sondern auch Freunde und Bekannte Ihrer Hauptrolle auf deren Persönlichkeit abgestimmt sein. Würde zum Beispiel der soeben vorgestellte Joah mit einer Person befreundet sein, die geräuschvoll ihren Kautabak auf die Straße spuckt? Wohl kaum. Andererseits könnte eine Konfrontation mit einer so geformten, rohen Person

auch einen Konflikt und damit Bewegung erzeugen. Wichtig ist jedenfalls, dass Sie die Akteure zueinander setzen wie die Figuren in einem Schachspiel. Jeder Zug provoziert Bewegung. Verinnerlichen Sie dieses Prinzip. Andernfalls gerät Ihr Plot ins Stocken.

5. **Dreidimensionalität. Erzeugen Sie Vielschichtigkeit.** Das Schlimmste, was Ihnen passieren kann, ist eine abgeflachte Figur. Um ein realistisches Profil zu schaffen, braucht Ihre Figur Tiefenschärfe. Dazu müssen Sie sie laut Egri auf drei Ebenen bearbeiten:

   I. Körperliche Ebene
   II. Soziale Ebene
   III. Seelisch-geistige Ebene

Während die Ebene des Körperlichen sowohl Aussehen als auch Gesundheitszustand erfasst, bearbeitet die soziale Ebene den soziokulturellen Status bzw. Hintergrund einer Person. Überlegen Sie sich genau, aus welchem Milieu Ihre Hauptfigur kommt. Aus diesem Gedanken lassen sich sehr viele Verhaltensweisen ableiten bzw. nicht ableiten. Die seelisch-geistige Komponente beschreibt das Charaktermodell, das Gemüt und Temperament. Folgen Sie konsequent der Logik aller drei Ebenen. Weichen wesentliche Merkmale wie Verhalten, Intellekt oder Artikulation auch nur von einer der drei Ebenen ab, wirkt Ihre Figur irrational.

6. **Nachvollziehbarkeit. Suchen Sie nach dem Sinn.** Wenn Sie sich beim Modellieren Ihrer Figur an die Faktoren Authentizität und Dreidimensionalität halten, wird die Sinnhaftigkeit implizit gegeben sein. Bemühen Sie sich dennoch um die bewusste Beantwortung der Frage *Warum*. Ihre Figur braucht immerzu Handlungsantrieb. Ob die Kräfte, die sie mobilisieren, von außen oder

von innen auf sie wirken, ist im Wesentlichen nicht wichtig. Wichtig ist das Vorhandensein eines Motivs. Vernachlässigen Sie es nicht.

7. **Konflikte. Erzeugen Sie Reibung.** Wenn Sie sich mit den Archetypen auseinandersetzen, werden Sie sich vielleicht ihrer Gegensätzlichkeit gewahr werden. *„Reise und Rückkehr", „Verlust und Wiederherstellung", „Aufstieg und Fall"* – immer gilt es, einen Konflikt auszutragen. Dieser Konflikt ist auch das Grundgerüst für Ihre Geschichte. Das Konzept des Konflikts trägt sich aber nicht nur in der Handlung, sondern auch in und zwischen Ihren Figuren zu. Zerrissenheit, Zwiespalt und Zwist erzeugen Spannung. Es sind diese Auseinandersetzungen, die aus Ihrem Buch einen Pageturner machen und in Ihrem Publikum die brennende Frage wecken: *„Wie wird es wohl ausgehen?"*

8. **Entwicklung. Ziehen Sie Lehren.** Die Frage nach der Veränderbarkeit des Menschen wurde schon oft gestellt. Wider besseren Wissens behaupten wir, dass ein Mensch sich zumindest in seinen Grundzügen nicht verformen lässt. Anders verhält es sich mit der Entwicklung. Sorgen Sie dafür, dass Ihre Figur einen Entwicklungsprozess verlebt. Die Lehre, die Ihre Figur aus dem Geschehen zieht, ist die Lehre, die Sie Ihren Lesern vermitteln wollen. Auch die berühmte *„Moral von der Geschicht"* drückt sich in der Figur aus.

9. **Ziele. Setzen Sie Ihrer Figur Ziele.** Wohin soll die Reise gehen? Wie jeder Mensch hat auch der fiktive Ziele, auf die er sich kontinuierlich zubewegt. Wenn Sie eine Figur entwickeln, entwickeln Sie immer auch deren Motivation. Stellen Sie sich von Beginn an Fragen wie *„Was treibt meine Figur an?", „Was sind ihre Wünsche und Sehnsüchte?"* oder *„Was sind ihre Ziele?"*, um die Beweggründe ihres Tuns zu erforschen. Ziele und Motivationen sind die Beuger und Strecker Ihres Romans. Ohne sie erstarrt Ihr Text in der Bewegung und bleibt eine ausdruckslose Momentaufnahme.

10. **Namen. Geben Sie dem Ding einen Namen.** Namen erzeugen immer auch Assoziationen. Treffen Sie die Wahl daher mit Bedacht. Ein Name lässt einen Rückschluss auf das Gesellschaftsmilieu seines Trägers zu. Originelle Namen finden Sie zum Beispiel in Telefonbüchern, in Zeitungen, in Namensbüchern für Babys, auf Ortstafeln oder Landkarten oder in Ihrem persönlichen Bekanntenkreis.

Zunächst mag die Checkliste noch komplex erscheinen. Wenn Sie jedoch entsprechend viel Zeit in die Vorarbeit zu Ihrem Werk investieren, werden Sie nachher umso schneller vorankommen. Sie werden intuitiv wissen, wie Ihre Figur denkt, fühlt, spricht und handelt, und die erfüllende Erfahrung des freien Schreibens erleben können. Nehmen Sie sich ausreichend Zeit fürs Modellieren – Ihre Plastik wird dafür umso vollendeter sein.

6.3.1 Der Charakterbogen,
Die Checkliste für Ihre Figur

Um in dieser Füllmenge an Informationen einen besseren Überblick zu bewahren, sollten Sie mit Spickzetteln arbeiten. Im Rollenspiel zum Beispiel arbeitet man mit sogenannten Charakterbögen. Hierin werden die elementaren Eigenschaften aller Haupt-, Gegen- und Nebenspieler festgehalten. Wichtig ist, dass Sie den Charakterbogen als Erinnerungsstütze und nicht als Einschränkung empfinden. Bei der Vielzahl an Protagonisten, die in einem Roman, Krimi oder Fantasyepos vorkommen, entfällt einem Autor schon einmal ein Detail. Autoren, die länger nicht an ihrem Werk gearbeitet haben, um die Arbeit dann umso ambitionierter wieder aufzunehmen, wissen um den Wert eines Charakterbogens. Wer sich nach einer Pause wieder an sein Werk setzt und sich verzweifelt fragt, ob der Nebenprotagonist nun nuss- oder schwarzbraunes Haar hatte, vermag seine Erinnerungslücken mit den Notizen aus dem Charakterbogen wieder zu schließen.

Einen Charakterbogen, der sich an unserem Zehn-Schritte-System orientiert, haben wir als Vorlage für Sie zusammengestellt. Ausgerichtet am Credo der Dreidimensionalität, wird Ihnen der Charakterbogen dabei helfen, Ihre Protagonisten mit Vielschichtigkeit auszustatten. Wenn Sie dem QR-Code am Ende des Kapitels folgen, finden Sie außerdem einen druckfähigen Download des Charakterbogens.

Charakterbogen für Protagonisten

I. KÖRPERLICHE EBENE

Allgemein
Name:
Geschlecht:
Alter:

Spezifisch
Geburtstag:
Gesundheit:
Vitalität:
Sprache:
Stimme:

Aussehen
Größe:
Gewicht:
Statur:

Gesichtszüge:
Haarfarbe:
Frisur:
Augenfarbe:
Hautfarbe:
Kleidungsstil:
Attraktivität:
Besondere Merkmale:

Auftreten
z. B. Haltung, Ausstrahlung, Wirkung auf andere ect.

II. SOZIALE EBENE

Personen
Eltern:
Geschwister:
Freunde:
Verwandte:
Partner:
Ex-Partner:
Kinder:
Kollegen/Kommilitonen:
Konkurrenten/Gegenspieler:
Lehrer/Mentoren:
Haustiere:
Andere:

Status
Gesellschaftsschicht:
Bildungsstand:

Beruf:
Ausbildung:
Akademische Titel:
Expertenstatus:
Einkommen:

Orte
Wohnort:
Wohnung:
Alltagsschauplätze:
Wohnorte der Vergangenheit:

III. SEELISCH-GEISTIGE EBENE

Charakter
Charaktermodell:
Temperament:
Eigenschaften:
Spleens:

Interessen
Hobbies:
Vorlieben:
Abneigungen:
Leidenschaften:
Sexuelle Orientierung:

Ziele & Motivation
z. B. Erfolg, Sicherheit, Anerkennung, Selbstverwirklichung, Liebe, Freundschaft, Familie, Integration etc.

Konflikte

z. B. Konflikte auf Beziehungsebene, Konflikte auf Handlungsebene, Innere Konflikte ect.

Entwicklung

z. B. Entwicklungsgeschichte, Kindheit, Jugend, Pubertät ect.

CHARAKTERBOGEN ZUM DOWNLOAD

Den vollständigen Charakterbogen finden Sie zum Download und zum Ausdrucken, wenn Sie dem QR Code folgen, sowie unter folgendem Link: https://www.novumverlag.blog/downloads Kostenlose QR Code Scanner wie den QR Code Scanner (iOS) oder den QR Code Reader (Android) finden Sie auch in den Stores Ihres jeweiligen Smartphones. Auf manchen Smartphones ist ein QR Code Scanner außerdem schon ab Werk integriert.

6.3.2 Praktische Schreibprogramme für Figurenskizzen und mehr

Wenn Sie sich an die oben genannten Regeln für Figurenentwürfe halten, dann werden Sie sich über kurz oder lang mit einer Menge an Material konfrontiert sehen. Damit Sie Ihr Schreibdomizil nicht mit einer Tapete aus Haftnotizen überziehen müssen, haben wir eine Liste aus sechs Programmen erstellt, die Ihnen beim Strukturieren helfen werden.

- **yWriter:** Ein kostenloses und daher unter Autoren sehr populäres Programm ist yWriter. Die Software wurde selbst von einem Autor erstellt und punktet mit einer umfangreichen Benutzeroberfläche. Auf den ersten Blick wirkt die Anwendung etwas überfrachtet, was Anfänger einschüchtern kann. Allerdings ist dieses Attribut der Liebe zum Detail geschuldet und wird vor allem akribischen Autoren eine wahre Stütze sein. yWriter offeriert zahlreiche Tools für die Gliederung von Szenen und Kapiteln sowie deren Bearbeitung. So können Einstellungen zu Status, Location oder Viewpoint, der jeweiligen Erzählperspektive einer Szene, vorgenommen werden. Die Systematisierung von Charakteren erfolgt über Panels, mit deren Hilfe Lebensläufe, Details und Eingebungen aller Art editiert werden können. Aktuell ist allerdings noch keine Version für das Smartphone verfügbar, was mobile Autoren vor eine Herausforderung stellen könnte. yWriter ist das richtige Programm für Sie, wenn Sie sehr organisiert schreiben und Ihre Szenen akribisch der Plotstruktur folgen. Spontane Eingebungen in die Schriftstellerseele finden hier allerdings wenig Raum zur Entfaltung.
  http://www.spacejock.com
- **Scrivener:** Scrivener wurde ebenfalls von einem Autor entwickelt. Während yWriter die Benutzeroberfläche von Word

widerspiegelt, wartet Scrivener doch mit wesentlich mehr Features auf. Scrivener ordnet Kapitel und Szenen in Form von Karteikarten an. Jede Karteikarte kann um Ordner und Metadaten ergänzt und auf einer digitalen Korkwand angebracht werden. Für den Figurenentwurf bietet Scrivener vorgefertigte Datenblätter an, die immer wieder kopiert, ergänzt und erweitert werden können. Außerdem hilft bei kreativen Flauten ein Namensgenerator auf die Sprünge. Auch das Exportieren von Manuskripten ist nach Fertigstellung möglich. Scrivener kann die Datei bei Bedarf den Formatvorlagen und Formvorschriften von Verlagen anpassen, was maximale Flexibilität in der Verlagswahl gestattet. Einsteiger profitieren von der 30-Tage-Testversion, danach ist das Programm kostenpflichtig.
https://www.literatureandlatte.com/scrivener

- **Papyrus Autor:** Als *das* Schreibprogramm für Autoren wird Papyrus Autor gehandelt. Die Software bietet originelle Lösungsvorschläge sowohl fürs Planen als auch fürs Plotten, Recherchieren und sogar Editieren. Figuren werden in exklusiven Datenbanken verwaltet. Hierin können alle Informationen sowie Rechercheergebnisse – sowohl in Text- als auch in Bildform – gespeichert werden. Ein Doppelklick auf eine Figur im Textdokument verknüpft den User außerdem mit allen Textstellen, in denen die Figur präsent ist. Ein Alleinstellungsmerkmal von Papyrus Autor ist die Stilanalyse, die Lesbarkeit und Stil mit wertvollen Verbesserungsvorschlägen veredelt. Der Software entgehen weder Verbfaulheiten noch Phrasen oder wertende Wendungen. Bei Wortwiederholungen werden auf Wunsch alternative Synonyme eingeblendet. Da sich das Programm außerdem personalisieren lässt, ist es sicher die richtige Wahl für Individualisten. Überdies lässt sich auch bei Papyrus Autor das Buchprojekt mit nur einem Klick ins Normseitenformat setzen.
https://www.papyrus.de

- **DramaQueen:** Offen für fließende Weiterentwicklung ist DramaQueen, eine recht junge Anwendung auf dem Markt der Schreibprogramme. Ein großer Fokus des Programms liegt auf Drehbuchautoren, die für Film und Fernsehen oder das Theater schreiben. Doch auch Prosaautoren kommen auf ihre Kosten. Vielfältige visuelle Features verhelfen Autoren, die gerne in Bildern denken, zur Fertigstellung ihrer Geschichte. Ideen, ob in Schrift oder in Bild, können in Projekten organisiert und gesammelt werden. Storybögen visualisieren die Architektur der Geschichte und führen deren dramaturgisches Grundgerüst vor Augen. Die Figurenansicht erhellt den Prozess der Figurenentwicklung, da in jedem einzelnen Figurenprofil alle wesentlichen Charaktermerkmale festgehalten werden können. Ein Novum ist die automatische Figurenerkennung: Anders als in vielen anderen Schreibprogrammen müssen die Figuren nicht manuell angelegt werden, sondern sie werden im Schreibprozess inklusive aller ihrer Figenschaften automatisch erfasst. **www.dramaqueen.info**
- **Patchwork:** Mit rund 50 Videos führt Patchwork in sein breit gefächertes Programm ein. Patchwork erleichtert seinen Anwendern ebenso wie Papyrus Autor mit einem allumfassenden Ansatz das Schreiben. Das Interface optimiert mit vielversprechenden Korrektur-, Plot- und Recherchefunktionen den Schreibprozess. Hilfreich ist Patchwork vor allem beim Organisieren und Modellieren von Figuren. So steht zum Beispiel für jede Figur ein eigenes Figurenblatt zur Verfügung, das mit rund 300 Fragen neue Denkanstöße und Ideen liefert. Daneben sorgt eine breite Auswahl an Charaktermodellen – jeweils versehen mit Persönlichkeitsbeschreibungen – für neue Zugänge. Arbeitsgemeinschaften spornen zu einer regelmäßigen Schreibpraxis an. Auf Wunsch können die Tastaturanschläge sogar mit Schreibmaschinenklängen vertont werden, was vor allem Nostalgiker freuen wird.
  https://www.autorenprogramm.com

- **LibreOffice:** Traditionalisten, die trotz der mannigfaltigen Nachteile auf Microsoft Word setzen – die Anwendung bietet keine autorenspezifischen Funktionen an – sollten offen für LibreOffice sein. Die Benutzeroberfläche ist der von Microsoft Word sehr ähnlich und erweitert den Spielraum für Autoren mit dem Programm „Write". „Write" spiegelt die Funktionen von Office, ist allerdings kostenlos und wartet mit spannenden Dokumentvorlagen, zum Beispiel für Drehbuchautoren, auf. **www.libreoffice.de**

Neben den sechs genannten gibt es natürlich unzählige weitere digitale Pendants zum klassischen Charakterbogen. Die hier berücksichtigten sind jedoch Standardprogramme, die auch unter erfahrenen Schriftstellern positive Kritik erfahren und sich insbesondere im deutschen Sprachraum bewährt haben.

6.4 Dialoge: Führen Sie gute Gespräche

6.4.1 Funktionen von Dialogen

Die Persönlichkeit Ihrer Figuren artikuliert sich auch und vor allem in Dialogen. Charakterzüge lassen sich in Gesprächen viel lebendiger zum Ausdruck bringen als in Beschreibungen. So macht es einen merklichen Unterschied, ob Sie schreiben:

- Er war ein hilfsbereiter Mensch.
  oder
- *„Das ist doch viel zu schwer für Sie!"*, sagte er und trug den Sack mit dem Katzenstreu entschlossen von der Kassa bis zu ihrem Auto.

Durch Dialoge entsteht Aktivität. Wie wir wissen, ist beim Schreiben Aktivität der Passivität immer vorzuziehen. Damit sind zwei wesentliche Funktionen von Dialogen schon genannt. Insgesamt fallen fünf Aspekte in den Aufgabenbereich von Dialogen:

- Beschreibung und Präzisierung der Persönlichkeit
- Bewegen und Vorwärtstreiben von Handlung
- Vermittlung von Sprache, Tonalität und Ausdruck
- Festhalten von Stimmung, Zeit und Ort
- Erzeugen von Spannung

Den Effekt, den Dialoge auf Textgattungen aller Art haben, werden Sie wahrscheinlich selbst schon erfahren haben. Sicher kennen Sie das Phänomen, das Dialoge beim Lesen manchmal bewirken. Sobald das Auge ein Anführungszeichen in Sichtweite weiß, bewegt es sich in beschleunigter Mechanik auf die entsprechende Textstelle zu. Als versierter Schriftsteller machen Sie sich diese Wirkung zunutze – und ziehen Ihren Leser in den Bann.

Vorsicht ist jedoch geboten, wenn es um die Anzahl von Dialogen geht. Gehen Sie trotz ihrer Wirkung maßvoll mit der Platzierung um. Wichtig ist, dass jeder Dialog zumindest eine der fünf genannten Grundfunktionen erfüllt. Andernfalls ist er trotz bester Ausführung nicht mehr als eine leere Sprechblase. Prinzipiell gilt Schumanns Merksatz:

„Dem Gespräch in der Erzählung ist nämlich die wichtige Aufgabe zugewiesen, Satz um Satz dem Ganzen etwas Neues hinzuzufügen, das Geschehen voranzutreiben, Charaktere zu entwickeln, den Grundgedanken deutlicher werden zu lassen, sonst unverständliche Ereignisse zu erörtern, Kommendes vorzubereiten, eine erforderliche werdende Stimmung anzubahnen – kurz, es hat in jedem Augenblick eine ihm innewohnende, wenn auch nicht immer sogleich erkennbare Zielrichtung."

6.4.2 Mundart, Dialekt und Akzent

Unentschlossenheit kann entstehen, wenn es um das Thema Mundart und Akzent geht. Wie in allem ist auch hier das richtige Maß ausschlaggebend. Zwar erscheint es realistisch, jede Figur auf ihre Art sprechen zu lassen – auch im echten Leben sind Ausdruck und Aussprache individuell verschieden –, allerdings riskieren Sie durch Ihr Bemühen, sich so nah wie möglich an der Realität zu bewegen, nicht nur Stolperfallen im Lesefluss, sondern auch den Verlust Ihrer Leser. Vergessen Sie nicht, dass Sie immer noch ein Buch und kein Theaterstück schreiben. Darüber hinaus sollten Sie in der Entscheidung, ob Slang akzentuiert werden soll oder nicht, auch Weitblick walten lassen. Bei einer Lesung kann zu viel Variation in der Mundart schnell befremdlich wirken.

Generell sollten Sie Slang eher als Stilmittel betrachten. Um einer Figur Wiedererkennungswert zu verleihen, ist der Dialekt eine findige Technik. Treffen Sie aber auch diese Entscheidung behutsam. Figuren, die mit starkem Akzent sprechen, erhalten mitunter den Status eines Sonderlings. Berücksichtigen Sie also auch das Persönlichkeitsprofil Ihrer Figur bei dieser Entscheidung.

Befreit sind Sie im Schreiben von Dialogen allerdings von allen Regeln der Rechtschreibung und Grammatik. Hier können Sie zugunsten der Authentizität ruhig mit bekannten Regelsystemen brechen.

6.4.3 Satzzeichen, Schriftform und Stil

Vor allem beim ersten Roman ist man in der Gesetzmäßigkeit von Satzzeichen und Schriftform noch nicht bewandert. Daher haben wir die wichtigsten Regeln hier für Sie zusammengefasst:

- Anführungszeichen bei der direkten Rede setzen
- Wechsel des Sprechers durch Absatz markieren
- Immer wieder Namen des Dialogpartners einbinden, um dem Leser Klarheit über die Sprechsituation und den Sprecher zu verschaffen. Beispiel: *„Wie oft habe ich dich schon darum gebeten, Stefan?"*, oder: *„Bitte, Mama!"*
- Wortwiederholungen sind erlaubt. Sie können durchaus mehrmals das Wort *„sagen"* sowie dessen Konjugationsformen verwenden. Oftmals wirkt das authentischer, als zwanghaft nach Alternativen wie *„resümieren"* oder *„skandieren"* zu suchen.

6.5 Schreibwerkstatt: Figuren durch Übung Tiefe verleihen

Um die gewonnenen Erkenntnisse zu vertiefen, sollten Sie sich an folgenden Übungen versuchen.

- Treten Sie mit Ihrer Figur in einen Dialog. Entwerfen Sie einen Charakter in groben Zügen und beginnen Sie ein Gespräch mit ihm. Beenden Sie den Dialog erst, wenn Sie das Gefühl haben, dass sich allmählich ein Handlungsstrang herauskristallisiert. Damit festigen Sie nicht nur Ihre Fertigkeiten in der Figuren-, sondern auch jene in der Dialogentwicklung.
- Üben Sie sich in der Beobachtung und schärfen Sie Ihren Blick. Studieren Sie Menschen im Park, in der U-Bahn, im Warteraum, bei jeder sich ergebenden Gelegenheit und versuchen Sie, sie zu beschreiben. Halten Sie Ihre Studien in Wort und Schrift fest. Vielleicht können Sie Ihre Aufzeichnungen später noch brauchen.
- Nachfolgend listen wir Ihnen zwölf von Carl Gustav Jung definierte Archetypen auf. Wählen Sie einen davon aus, stellen Sie

Überlegungen zu dessen Persönlichkeitsprofil an und erstellen Sie darauf aufbauend einen Charakterbogen:

- ✓ Der Weise
- ✓ Der Unschuldige
- ✓ Der Entdecker
- ✓ Der Herrscher
- ✓ Der Schöpfer
- ✓ Der Pfleger
- ✓ Der Magier
- ✓ Der Held
- ✓ Der Rebell
- ✓ Der Liebhaber
- ✓ Der Narr
- ✓ Die Waise

6.6 Autoreninterview mit Sylva Kanderal

Die 1947 in der damaligen Tschechoslowakei geborene Sylva Kanderal studierte Medizin in Brünn, wo sie später an der Klinik als Zahnärztin tätig war und bereits im Alter von 30 Jahren zur Chefärztin aufstieg. Sie erlangte ein weiteres Diplom an der medizinischen Universität in Zürich, wo sie eine eigene Praxis eröffnete. Als Autorin machte sie sich bereits durch Publikationen in Fachzeitschriften für Zahnärzte einen Namen. Zum kreativen Schreiben inspirierten die Mutter zweier Kinder bunte Lebensereignisse, die sie in kurzen Erzählungen festhielt. In Hamburg besuchte sie auch die *„Schule des Schreibens"*. Mit *„Freyas Ebenbild"* veröffentlichte sie Anfang 2019 ihren ersten Roman. Im Mai 2019 erschien *„Mit einem Cowboy tanzen"*, ihr zweites größeres literarisches Werk, im novum Verlag. Heute lebt die passionierte Bridgespielerin in den USA.

Wie sie ihre Lebenserfahrung und ihre Lehren aus der *„Schule des Schreibens"* in die Figuren mit einfließen lässt, hat die Autorin uns in einem informativen Gespräch geschildert.
www.kanderal.pageonpage.com

Frau Kanderal, den Protagonisten Ihrer beiden Romane *"Mit einem Cowboy tanzen"* **und** *"Freyas Ebenbild. Eine intergalaktische Story"* **haben Sie jeweils sehr klare Konturen verliehen. Beide Figuren sind starke, unabhängige Frauen mit der Fähigkeit zu Selbstreflexion und Veränderung. Woher nahmen Sie den Stoff für Ihre Hauptfiguren?**

Die Ideen, wie eine Person im Roman sich präsentieren könnte bzw. sollte, kommen oft in der Nacht. Ich arbeite sie im Kopf flüchtig aus, setze meine Fantasie ein und greife auf allgemeines Wissen sowie die Erkenntnisse von Recherchen zurück. Ich suche den Stoff für die Gestaltung der Protagonisten, mit wenigen Ausnahmen, nicht gezielt. Und die Ausnahmen gelten fast immer für die negativen Figuren, die Bösen, die Hinterlistigen. Die sind schwieriger.

Wie haben Sie Ihre Figuren skizziert? Haben Sie akribisch Charakterporträts ausgearbeitet oder geben Sie beim Schreiben der Spontanität den Vorzug?

Die Spontanität beim Schreiben hat bei mir einen klaren Vorzug. Natürlich habe ich den Charakter der Figuren in groben Zügen im Kopf, aber all die Details, vor allem die Reaktionen auf die verschiedenen Situationen und Handlungen, mit denen die Gestalten konfrontiert sind, diese Teilstücke entwickeln sich während des Schreibens.

Wie viel von einem selbst darf Ihrer Meinung nach in einem Haupt- oder Nebenprotagonisten stecken?

Es liegt jeweils im eigenen Ermessen, ob man etwas aus dem eigenen Leben in eine Story einfließen lassen will oder nicht. Eigene lustige oder traurige Erlebnisse können eine Erzählung ergänzen und bereichern. Aber ein Roman ist keine Autobiografie. Somit sollte man, meiner Meinung nach, beim Schreiben eher sparsam mit den Ereignissen aus dem eigenen Leben umgehen. Es gibt so viele interessante Impulse, Anregungen und spannende Momente, die jeden Tag auf uns zukommen, dass man sich nicht unbedingt der persönlichen Erfahrungen bedienen muss. Diese täglichen Einflüsse auszuarbeiten und im Buch zu verwenden ist eine Herausforderung, die am Schluss Freude bringt.

Denken Sie, es ist möglich, einen Charakter zu erschaffen, dessen Lebensmilieu einem selbst völlig fremd ist?

Ja, ich denke schon. Auch in meinen beiden Büchern *„Freyas Ebenbild"* und *„Mit einem Cowboy tanzen"* erschuf ich je eine Person mit einem ausgesprochen negativen persönlichen Profil. Einmal war es eine gierige, fiese Frau, für die nur Geld und der gesellschaftliche Status zählten, in dem anderen Buch kreierte ich die Gestalt eines skrupellosen, rücksichtslosen, kaltblütigen Mannes. Um die Romanfiguren möglichst realistisch zu gestalten, nutzte ich mein Wissen aus der Psychologie. Es war mein Ziel, dass der Leser die Frau auf der einen Seite wirklich als einen *„Gold Digger"* empfindet und bei dem Mann auf der anderen Seite dessen Boshaftigkeit und Narzissmus gut spüren konnte.

Was macht für Sie eine interessante Figur aus?

Auf die unzähligen, sich ständig ändernden Situationen, die in jedem Buch vorkommen, muss die Romanfigur reagieren. Und diese Resonanz auf den Fluss des Geschehens – die Handlungen, Antworten, Reaktionen – ist es, die die Figur interessant für den Leser macht. Dadurch hat der Leser die Gelegenheit, die Figur zu verstehen, ihre Schritte zu verfolgen, sich mit diesen zu identifizieren oder sie abzulehnen, weil sie langweilig, flach oder fantasielos beschrieben und dadurch vielleicht uninteressant sind.

Welche prominenten Beispiele können Sie angeben?

Es gibt viele, sehr viele sehr gut geschriebene Bücher, wo die Protagonisten zum Greifen nahe sind, weil sie so ausgezeichnet skizziert sind. Wenn ich aus der Schweizer Literatur ein Beispiel nennen dürfte, dann *„Der letzte Weynfeldt"* von Martin Suter. Da ich außerdem den Stil von Paulo Coelho liebe, liegt mir *„Der Alchimist"* als Buchempfehlung sehr am Herzen. Darüber hinaus darf auch der hervorragende Roman *„Das Parfum"* von Patrick Süskind in dieser Aufzählung nicht fehlen. Das sind die Klassiker, jene bekannten Werke, in denen die Figuren nicht besser hätten gestaltet werden können. Für mich sind das die prominentesten Beispiele.

Welche Fehler sollte man vermeiden, wenn man eine lebensechte Romanfigur schreiben will?

Der Leser muss die Möglichkeit bekommen, sich in die Figur hineinzufühlen, ihre Handlungen zu erahnen. Es reicht nicht, ein Bild zu zeichnen, das sich nur auf das Äußere beschränkt. Um die Distanz zwischen Leser und Figur zu überwinden, müssen Ihre Figuren sprechen, handeln und denken. Beschreiben Sie also nicht nur das Aussehen, sondern auch die Bewegungen, Beweggründe und Gedankengänge Ihrer Hauptfiguren. Nur so erschaffen Sie eine authentische, nachvollziehbare Romanfigur, die aufregend, wirklich und echt wirkt. Die Kunst dabei ist es, langatmige Passagen und nebensächliche Details zu unterlassen. Vermeiden Sie auf jeden Fall Wiederholungen und Beschreibungen, die nichts Wesentliches zu Ihrer Figur oder Ihrer Handlung beitragen.

Sie selbst haben in Hamburg die renommierte *„Schule des Schreibens"* besucht. Wie wichtig war diese Erfahrung für Sie als Schriftstellerin?

Der Besuch der *„Schule des Schreibens"* war das Beste, was ich machen konnte. Ich brauchte sowohl die schulische Führung als auch die Herausforderungen, die mit jeder neuen Aufgabe auf mich zukamen. Generell kann man sagen, dass ich das Studieren, Ausbildungen, Kurse und Vorträge aller Art sehr schätze. Wie Sie wissen, studierte ich auch Medizin und arbeitete als Zahnärztin. Nebenbei absolvierte ich in Zürich die Malschule des französischen Malers Aimè Venel. Mein ganzes Berufsleben ist quasi geprägt von Weiterbildung. Bildung ist also etwas Essenzielles für mich. Sicher gibt es Leute, die ohne gezielte journalistische oder schriftstellerische Ausbildung dazu fähig sind, wunderbare Bücher zu schreiben. Ich gehöre allerdings zu den Personen, die die Technik, die eine Ausbildung mit sich bringt, brauchen.

Wie relevant ist die Technik? Braucht es zum Schreiben eine Ausbildung?

Gute Frage. Vor 200 Jahren hatte wahrscheinlich kein Schriftsteller eine Ausbildung in dem Sinn, wie wir sie heute kennen. Aber das Talent war da, und durch das viele Schreiben, das Üben, wurde man auch stetig besser. Nehmen wir Jane Austen als Beispiel. Sie hatte uneingeschränkten Zugang zu den Büchern ihres Vaters und konnte ständig lesen und schreiben – und schrieb wunderbare Werke. Und auch Zola, Balzac, Moliere, Shakespeare oder Voltaire lernten durch Schreiben, Lesen und Diskutieren sehr viel. Dies prägte und erweiterte ihre Fähigkeiten, wodurch ganz ohne Fortbildung viele Meisterwerke entstanden sind.

Welchen Tipp können Sie Autoren und Neuautoren zur Ausarbeitung ihrer Figuren mit auf den Weg geben?

Tipps und Ratschläge an Schreibende zu erteilen ist sehr schwierig. Jeder hat eine eigene Linie, einen persönlichen Stil, einen Weg, den er beim Schreiben bestreitet, der ihm nahe ist und ihm zusagt. Ganz allgemein kann man aber sagen: Eine realistische Figur zu entwickeln erfordert Disziplin. Es sind die Überlegungen, die am Anfang gemacht werden – noch bevor der erste Satz überhaupt formuliert wird –, die für die Gestaltung der Figur ausschlaggebend sind. Und diese, ob gezielte Gedanken oder auch mal nur flüchtige Geistesblitze, muss man ausarbeiten, vertiefen, lebendig gestalten. Es genügt nicht, das Äußere einer Person zu beschreiben, es braucht Tiefe, damit das Individuum lebendig wird.

PLOTTEN

7

> „Die Kunst, Pläne zu machen, besteht darin, den Schwierigkeiten ihrer Ausführung zuvorzukommen."
> Luc de Clapiers, Marquis de Vauvenargues

7.1 Anfang, Hauptteil, Schluss: Ein gutes Buch braucht Struktur

Wie Sie die Akteure Ihres Romans gestalten, haben wir im vorangestellten Kapitel geklärt. Wo und wann diese jedoch zum Einsatz kommen, ist noch offen. Grundsätzlich braucht jeder Roman einen Aufhänger. Der Begriff ist wörtlich zu verstehen, hängen doch Figuren, Schauplätze, Zeitstrahl und Szenen wie Himmelskörper eines Sonnensystems an einem Modell. Der Aufhänger Ihres Romans ist der Handlungsrahmen, in dem alle Kräfte wirken. Er ist Grundgerüst, Struktur und System, kurz gesagt der Plot.

Der Plot spannt den roten Faden, um den sich alle Begebenheiten Ihres Romans schnüren werden. Wie eine Spindel spannt und entspannt er den Strang, an dem sich Handlung vollzieht. Aufgebaut wird Ihr Plot in der Regel auf der Kernaussage Ihres Romans. Wie im Kapitel über Ideenfindung beschrieben, kann auch ein einfaches Sprichwort die Basis für Ihre Botschaft bilden. Beispiel: *„Der Apfel fällt nicht weit vom Stamm."*

Ausgehend von dieser Botschaft, auch Prämisse genannt, wird der Plot erstellt. Der Plot ist der Handlungsstrang, der einfach gehalten in einen Anfang, einen Mittelteil und einen Schluss gegliedert werden kann. Jedes dieser Elemente kann seinerseits wieder in kleinere Einheiten, nämlich in Kapitel, Szenen, Überraschungen und Wendungen, zerlegt werden. Figuren, Schauplätze, Perspektive und Zeit bilden Untereinheiten der nächsten Stufe. In ihnen wiederum tragen sich Dialoge, Konflikte und Erkenntnisgewinn zu.

Doch wie plant man einen Plot? Zunächst scheint der Begriff des Plots komplex zu sein. Tatsächlich aber schafft erst der Plot den Rahmen, der es Ihnen erlauben wird, Ihre Ideen zu strukturieren und pflegeleicht in Ihre Story einzubetten. Figuren, Kernthemen und Konflikte, die Ihnen zunächst noch abstrakt erscheinen, werden erst durch den Prozess des Plottens form- und fassbar.

Nehmen wir zum Beispiel noch einmal die Kernbotschaft *„Der Apfel fällt nicht weit vom Stamm"*. Um diesen Satz lässt sich ein komplexes Handlungskonstrukt bauen. Vielleicht haben Sie auch schon eine konkrete Figur im Kopf, die die Kernbotschaft verkörpert. Womöglich wollen Sie einen Roman über eine Frau schreiben, deren Entwicklungsgeschichte von wechselnden Vaterfiguren geprägt war. Obwohl sie sich in der Liebe nach Beständigkeit sehnt, kann sie sie aufgrund ihrer Bindungsangst doch nicht annehmen – und erlebt die Geschichte ihrer eigenen Mutter noch einmal. Die Idee steht. Im nächsten Schritt werden Sie die Figur mit einem Charakterbogen vertiefen. Gleichzeitig erarbeiten Sie auch die Profile von Neben- und Gegenspielern.

Die Idee Ihres Werks hat sich vergegenständlicht. Doch was ist nun zu tun? Wie transportieren Sie Ihre Botschaft zu Ihrem Publikum? Wie und an welcher Stelle setzen Sie Ihre Protagonisten zueinander in Beziehung? Welche Pfade müssen Ihre Figuren einschlagen, um einen Veränderungsprozess einzuleiten? Und wie gelangen sie zum Ziel?

An dieser Stelle setzt das Plotten an. Welche Techniken es braucht, um einen Handlungsstrang schlüssig zu planen, erfahren Sie in diesem Kapitel.

7.1.1 Ein guter Anfang

Kaum ein Buchabschnitt setzt einen Autor so unter Druck wie der Anfang. Originell, vollkommen und zumindest zitierwürdig soll er sein. Der hohe Selbstanspruch mündet nicht selten in eine Schreibblockade. Dabei haben Sie, sobald Sie mit der Technik des Plottens vertraut sind, zu jeder Zeit die Möglichkeit, Ihren Anfang zu überarbeiten. Viele Autoren schreiben den Anfang sogar erst am Schluss ihres Werks. Oftmals ist man erst am Ende einer Arbeit dazu fähig, deren Essenz in einem schwungvollen Satz zusammenzufassen.

Die Länge des Anfangs ist nicht fest definiert, ein Einheitsmaß ist unter Schriftstellern umstritten. Grundsätzlich sollten Sie jedoch die Geduld Ihres Publikums nicht überdehnen. Wichtig ist, dass folgende Kernelemente in Ihrer Einleitung berücksichtigt sind:

- Einführung der Charaktere und derer Beziehungen zueinander
- Einführung der Standardschauplätze
- Vorstellung des Konflikts
- Erster Plot Point bzw. erste Wendung zur Zuspitzung des Konflikts und zur Überleitung in den Hauptteil

Im Laufe der Literaturgeschichte wurden schon viele ihre Autoren überdauernde Anfänge geschrieben. Als eines der prominentesten Beispiele sei der erste Satz aus Leo Tolstois *„Anna Karenina"* angeführt:

*„Alle glücklichen Familien sind einander ähnlich; jede unglückliche Familie ist auf **ihre** Weise unglücklich."*

Vielleicht ist auch Ihnen dieser Satz schon einmal untergekommen. Doch was ist es, was den Leser nach solch einem Einstieg zum Weiterlesen lockt? Der Handlungshinweis. Ein guter Anfang enthält immer schon einen Hinweis auf das, was der Autor erzählen will. Dieser Hinweis erweckt im Leser die Lust, sich in das Thema zu vertiefen. Enttäuschen Sie ihn nicht!

Generell gibt es drei Ansätze, um den Anfang eines Romans zu gestalten:

1. **Themeneinstieg:** Welche Prämisse, welches Motiv verfolgt Ihr Buch? Bereiten Sie Ihren Leser auf den Inhalt Ihres Werks vor, indem Sie ihn mit einer These in die Thematik ziehen. Stellen Sie eine Behauptung auf, mit der Sie Ihr Publikum provozieren. Mit einer Allaussage am Anfang Ihres Werks fordern Sie Ihr Publikum implizit zu Argumentation und Gegenargumentation auf. Betrachten Sie zum Beispiel noch einmal den Einstiegssatz von „Anna Karenina": *„Alle glücklichen Familien sind einander ähnlich; jede unglückliche Familie ist auf* **ihre** *Weise unglücklich."* Stimmen Sie zu? Sehen Sie es ähnlich? Der konkrete Einstieg setzt einen Denkprozess in Gang. Der Leser stellt Fragen. Ihre Aufgabe als Autor wird es sein, genau diese Fragen aufbauend auf Ihrem Handlungsstrang zu beantworten. Den Effekt, den ein abrupter Themenaufriss am Anfang hat, veranschaulichen auch diese Beispiele:

    I. **Milan Kundera, „Die unerträgliche Leichtigkeit des Seins":** *„Die ewige Wiederkehr ist ein geheimnisvoller Gedanke, und Nietzsche hat damit manchen Philosophen in Verlegenheit gebracht: alles wird sich irgendwann so wiederholen, wie man es schon einmal erlebt hat, und auch diese Wiederholung wird sich unendlich wiederholen! Was besagt dieser widersinnige Mythos?"*

    II. **Stefan Zweig, „Untergang eines Herzens":** *„Zu entscheidender Erschütterung eines Herzens bedarf das Schicksal nicht immer wuchtigen Ausholens und schroff verstoßender Gewalt;*

> *gerade aus flüchtiger Ursache Vernichtung zu entfalten, reizt seine unbändige Bildnerlust. Wir nennen dies erste Berühren in unserer dumpfen Menschensprache Anlaß [sic!] und vergleichen erstaunt sein winziges Maß mit der oft mächtig fortwirkenden Gewalt; aber so wenig eine Krankheit mit ihrem Kenntlichwerden, so wenig beginnt das Schicksal eines Menschen erst, sobald es sichtbar und Geschehnis wird. Immer, im Geist und im Blute, waltet das Schicksal längst innen, eh es von außen die Seele berührt. Sich-Erkennen ist schon Sich-Wehren, und ein vergebliches zumeist."*

2. **Figureneinstieg:** Je nach Erzählperspektive kann auch der Figureneinstieg Interesse wecken. Diese Technik erweist sich vor allem bei solchen Figuren als sinnvoll, die aus der Norm fallen. Sofort will der Leser mehr erfahren:

    I. **John Irving, „Garp und wie er die Welt sah":** *„Garps Mutter, Jenny Fields, wurde 1942 in Boston festgenommen, weil sie einen Mann in einem Kino verletzt hatte. Es war kurz nachdem die Japaner Pearl Harbour bombardiert hatten, und die Leute waren tolerant gegen Soldaten, weil plötzlich jeder Soldat war, aber Jenny Fields blieb fest in ihrer Intoleranz gegen das Benehmen von Männern im allgemeinen [sic!] und Soldaten im Besonderen."*

    II. **Jack Kerouac, „Unterwegs":** *„Ich begegnete Dean das erste Mal nicht lange, nachdem meine Frau und ich uns getrennt hatten. Damals hatte ich gerade eine schwere Krankheit hinter mir, über die ich hier nicht weiter reden will, außer dass sie etwas mit der ewig lästigen Trennung zu tun hatte und meinem Gefühl, dass alles tot war."*

3. **Szenerieeinstieg:** Ein Mittel, dessen sich vor allem klassische Autoren bedienten, ist der Einstieg in eine Szenerie, vergleichbar etwa mit dem *„Establishing Shot"* beim Film. Zumeist werden pittoreske, idyllische oder auch, wie bei Charles

Dickens der Fall, trübe, urbane, hustende Stadtbilder gezeichnet, um den Leser in das Geschehen zu ziehen. Was es hierfür braucht, ist nicht nur die Fähigkeit, mit Wörtern zu malen, sondern auch die Geduld der Leser. Der Zeitgeist hat sich geändert, weswegen ausschweifende Beschreibungen stilistisches Können voraussetzen, damit die Leser nicht schon nach den ersten zwei Zeilen vergrault werden. Bekannte Exempel klassischer Literatur sind:

   I. **Francis Scott Fitzgerald, „Zärtlich ist die Nacht":** *„Am freundlichen Ufer der französischen Riviera, ungefähr auf halbem Weg zwischen Marseille und der italienischen Grenze, steht ein großes, stolzes, rosenfarbenes Hotel. Höfliche Palmen kühlen die errötende Fassade, vor der ein kurzer, leuchtender Strand liegt."*
   II. **Fjodor Dostojewski, „Der Idiot":** *„Ende November bei Tauwetter gegen neun Uhr morgens eilte der Eisenbahnzug Warschau–Petersburg mit Volldampf seinem Endziel entgegen. Es war so feucht und neblig, daß [sic!] die Morgendämmerung kaum durchdringen konnte. Auf zehn Schritte rechts und links der Bahnstrecke war aus den Wagenfenstern nur schwer etwas zu erkennen."*

4. **Ereigniseinstieg:** Packend leiten Sie Ihre Geschichte mit einem Ereignis ein. Das erzeugt nicht nur Bewegung, sondern auch Spannung vom ersten Wort an. Aufrührende Begebenheiten wurden zum Beispiel am Anfang folgender Werke erzählt:

   I. **Martin Suter, „Elefant":** *„Eine Entzugserscheinung konnte es nicht sein, er hatte genug getrunken. Schoch versuchte, das Ding zu fokussieren, das tief hinten in der Unterspülung des Uferwegs stand, dort, wo die Höhlendecke auf den sandigen Boden traf. Ein Kinderspielzeug. Ein Elefäntchen, rosarot, wie ein Marzipanschweinchen, aber intensiver. Und es leuchtete wie ein rosarotes Glühwürmchen."*

II. **John Irving, „Letzte Nacht in Twisted River":** *Der junge Kanadier – er war höchstens fünfzehn – hatte zu lange gewartet. Einen endlosen Augenblick lang standen seine Füße still auf den Stämmen, die im Becken oberhalb der Flussbiegung trieben; dann war er ausgerutscht und im Wasser verschwunden, ehe jemand seine ausgestreckte Hand packen konnte."*

Nehmen Sie die Wirkung wahr, die sich beim Lesen jedes dieser Einstiege augenblicklich einstellt? Sie wollen weiterlesen. Genau das ist es, was einen gelungenen Anfang ausmacht. Holen Sie das Publikum in Ihre Handlung und lassen Sie es nicht mehr los.

7.1.2 *Hauptteil und Höhepunkt*

Der Anfang leitet, zumeist nach einer ersten Wendung, in den Hauptteil über. Der Hauptteil Ihres Romans verdichtet und vertieft die Handlung allmählich und wird durch den Einsatz von Spannung und Entspannung geprägt. Im Hauptteil beweist sich Ihr Gespür für Tempo, Geschwindigkeit und Pausen. Hier bestimmt der Rhythmus über Über- bzw. Unterforderung Ihrer Leser. Grob umsponnen umfasst der Hauptteil folgende Elemente:

- Hindernis, das überwunden werden muss
- Höhepunkt, der den Protagonisten zu seinem scheinbaren Ziel schiebt
- Tiefpunkt, der Charaktere zurück zur Ausgangsposition manövriert
- Zweiter Plot Point bzw. zweite Wendung zur Überleitung in den Schluss

In diesem fortgeschrittenen Stadium des Romans wird sich Ihre Fähigkeit zur Dramaturgie beweisen. Denn der gezielte Einsatz des Dehnens und Streckens hält Ihre Leser oder vergällt ihnen den Text. Achtsam ist zum Beispiel mit der Komposition von Geschwindigkeit und Pausen umzugehen. Zwar mag Ihre Fantasie vor Ideen überlaufen, doch wenn Sie Überraschung um Überraschung in Ihrem Plot einbauen, werden Sie Ihre Leser auch laut Schumann überfordern:

„Wenn man den Leser ständig überrascht, also ununterbrochen phantastische Ereignisse aus dem Zylinder hervorzaubert, ist er anfangs zwar verblüfft, wird dann aber müde oder verärgert."

Das Gleichgewicht zwischen Spannung und Entspannung müssen Sie selbst abwägen. Grundsätzlich laden Sie Ihr Buch aber auf folgenden Ebenen auf:

1. Wechsel zwischen Tätigkeit (Geschehen) und Ruhe (Hemmen)
2. Wechsel verschieden starker Spannung (Konflikt im Charakter oder Konflikt in der Handlung)
3. Wechsel in der Geschwindigkeit (Charaktere bzw. Handlungen beschleunigen oder entschleunigen die Handlung)

Um die Spannungsintensität weiter zu verstärken, können Sie zur Handlung eine Parallelhandlung aufbauen. Diese erlaubt es Ihnen, im Geleit der Gesamtspannung auch Unterspannung aufzubauen. Schumann bezeichnet diesen Effekt auch als Doppelspannung. Ein prominentes Beispiel für Doppelspannung ist der Fantasyepos *„Das Lied von Eis und Feuer"*, auf dem die TV-Serie „Game of Thrones" basiert. Die Frage, wer in der fiktiven Welt von Westeros den Eisernen Thron und damit die sieben Königslande beherrschen wird, ist der die Gesamtspannung erzeugende Grundkonflikt. Durch den permanenten Perspektivenwechsel zwischen den Protagonisten entstehen aber zahlreiche Nebenkonflikte, die die von Schumann zitierte Unterspannung erzeugen. Dies und die Tatsache, dass *„Das Lied von Eis und Feuer"* als Fortsetzungsroman geschrieben wurde, sind sicher Gründe dafür, warum der Fantasyroman die Leser seit mittlerweile zehn phänomenalen Bänden hält.

Wo und an welcher Stelle Plot Points, also Wendungen, inszeniert und wie Ihr Gesamtwerk orchestriert werden sollte, werden wir aber im Kapitel über Plottechniken noch aufschlüsseln.

7.1.3 Das große Finale

In einem Interview verriet der Bestsellerautor John Irving, dass er kein Buch beginne, bevor er nicht den letzten Satz kenne. In seinem Roman *„Letzte Nacht in Twisted River"* sind der letzte und der erste Satz sogar identisch. Der Kreis schließt sich – und lässt den Leser mit einem befriedigten Gefühl zurück. An Irvings Vorgehensweise zeigt sich der besondere Stellenwert, den das Ende in einem Buch einnimmt. Alle Protagonisten, Stränge und Begebnisse drängen permanent auf das Ende zu. Der Abschluss gibt Ihrer Handlung nicht nur die richtige Stoßrichtung, sondern verfolgt auch die wichtige Aufgabe, alle Spannungen und Unterspannungen aufzulösen. Konflikte werden entwirrt, Ergebnisse demonstriert und Lösungen vorgestellt.

In welcher Weise der Autor den Roman ausleitet, bleibt ihm selbst überlassen. Die Interessen des Lesers sollten in seiner Entscheidung aber mitwirken. So trivial ein Happy End auch erscheinen mag, es lässt den Leser doch befriedigt zurück. Und diese Belohnung sollten Sie Ihrem Publikum, das Ihr Werk bis zu diesem Punkt gelesen hat, durchaus zugestehen. Sofern es Ihr Motiv erlaubt, können Sie sich und Ihren Protagonisten gerne einen runden, stimmigen Abschied gestatten. Das zeugt weder von Eindimensionalität noch mangelnder Originalität. Es spiegelt lediglich Ihr Bestreben, dem Bedürfnis Ihrer Leser nach Alltagsflucht gerecht zu werden, wider. Folgende Bauelemente sollte ein schlüssiges Ende aber auf jeden Fall enthalten:

- **Klimax:** Die Handlung erreicht ihre maximale Spannung. Die Gesamtspannung kulminiert in einem letzten Kapitel.
- **Lösung:** Der letzte Höhepunkt ebbt ab. Handlungen und Protagonisten kommen allmählich zum Stillstand.
- **Auflösung:** Der Konflikt wird aufgelöst.

Wenn Sie Ihre Handlung ausleiten wollen, stehen Ihnen dafür verschiedene Werkzeuge zur Verfügung. Fünf der gängigsten Techniken sind:

- **Klammer:** Die Klammertechnik kennen Sie sicher aus dem Journalismus. Keine Reportage kommt ohne sie aus. Dabei schließt der Autor mit dem Protagonisten, Bild oder Motiv, mit dem er begonnen hat. Um den Kreis zu schließen, stehen Ihnen zwei Kniffe zur Verfügung:
    - ✓ **Sieg:** Ihr Protagonist wächst über Hemmnisse und Hindernisse hinaus und bewältigt die Konflikte, die Sie in ihm und in der Geschichte angelegt haben.
    - ✓ **Scheitern:** Ihr Protagonist verfehlt sein Ziel, scheitert oder stirbt. Das kann notwendig werden, wenn das Motiv Ihres Buchs eine Mahnung enthält. Wenn Sie Ihre Handlung zum Beispiel auf dem Sprichwort *„Wer andern eine Grube gräbt, fällt selbst hinein"* aufziehen, dann könnte ein Misserfolg des Hauptprotagonisten am Schluss Sinn machen. Ein Scheitern schließt aber Erfolg und Entwicklung nicht aus. So kann zwar das große Ziel Ihrer Figur in unerreichbare Ferne

rücken, andere, kleinere Erfolge bleiben ihr aber vergönnt. Dem Detektiv Ihres Kriminalromans könnte der Meisterdieb am Ende entkommen. Dafür findet er aber die gestohlene Saliera wieder und gewinnt auch noch das Herz der Frau, für die er sich seit Beginn seiner Ermittlungen begeistert. Wenn Sie Ihre Geschichte mit Nachdruck ausleiten wollen, sollten Sie ein Scheitern der Figur nicht ausschließen. Vergessen Sie aber nicht, sich mit Ihrem Publikum durch eine gerechte Verteilung von Erfolg und Misserfolg auszusöhnen.

- **Rückblick:** Sie können Ihre Figuren die Geschichte am Ende auch Revue passieren lassen. Ein wehmütiger Blick zurück erzeugt noch am Ende jede Menge Gefühl. Die Methode kennt man zum Beispiel von Geschichten, die aus der Perspektive einer in die Jahre gekommenen Person erzählt werden. Vielleicht erzählt die betagte Figur die Geschichte ihren Enkelkindern, oder aber sie hält sie in einem Tagebuch fest. Bei einem Rückblick können Sie die schönsten Bilder Ihres Buchs wie in einem Film noch einmal ablaufen lassen.

- **Ausblick:** Wenn Sie einen Fortsetzungsroman planen, sollte Ihr Ende nicht zu verschlossen sein. Lassen Sie die Tür einen Spalt weit offen stehen und erlauben Sie es Ihrem Publikum, hindurchzuspähen. Zwar muss für einen Ausblick der Grundkonflikt eines Romans gelöst sein, doch ein übergreifender Konflikt kann nach wie vor bestehen. Der Held eines Fantasyromans mag den Drachen gezähmt haben, doch sein Antagonist, das personifizierte Böse, ist noch immer am Leben und auf der Flucht. Der Serienmörder eines Krimis ist gefasst worden, doch ein Dialog am Ende des Romans lässt darauf schließen, dass er einen Komplizen hatte, von dem bisher noch nichts bekannt war. Orientieren Sie sich bei der Gestaltung eines Ausblicks an bekannten Beispielen wie etwa *„Harry Potter"*. In jedem Teil, vom *„Stein der Weisen"* über *„Die Kammer des Schreckens"* bis zu den *„Heiligtümern des Todes"*, wird ein Konflikt gelöst, ein Gegner überwältigt. Doch der Grundkonflikt zwischen Harry Potter und Lord Voldemort bleibt bestehen.

- **Stillstand:** Nach Schumann ist ein Stillstand, ein allmähliches Ausklingen des Romans, durch den Tod des Protagonisten zu erreichen. Der Tod ist in drei Fällen zulässig:
    - ✓ **Erfülltes Leben:** Der Charakter blickt auf die Errungenschaften, Höhen und Tiefen seines Lebens zurück und schließt zufrieden die Augen.
    - ✓ **Gefährliches Leben:** Der Charakter verfolgt vom ersten Kapitel an einen gefährlichen Lebensstil. Die Chancen, dass ein verdeckter Ermittler oder ein Drogendealer wieder heil aus der Handlung herauskommen, stehen eher schlecht.
    - ✓ **Opfer:** Der Charakter muss sterben, weil, wie schon beim Punkt *„Scheitern"* erörtert, eine dem Roman übergeordnete Botschaft transportiert werden soll.
- **Offenheit:** Eher selten, weil beim Publikum unbeliebt, erlaubt sich der Autor den Kunstgriff eines offenen Endes. Die Meinungen hierüber sind zwiegespalten. Ein offenes Ende regt die Leser zu Denkprozessen an, die vielleicht noch lange im Geiste nachhallen. Andererseits entlässt ein offener Ausgang das Publikum auch mit einem unbefriedigten Gefühl. Generell gilt, dass auch bei einem offenen Ende alle grundlegenden Konflikte geklärt und aufgelöst sein müssen. Sinnvoll ist die Technik auch, wenn Sie noch unentschlossen sind, ob Sie einen zweiten Teil schreiben wollen oder nicht.
- **Epilog:** Oft geschieht es, dass das Ende zwar Ihre Hauptprotagonisten entlässt, Nebenfiguren und -schauplätze aber noch auf der Bühne stehen. Mit einem Epilog klären Sie für Ihr Publikum auch noch jene Fragen, die außenstehende Charaktere betreffen. Ein Nachwort ist immer dann ein probates Mittel, wenn Sie Ihren Roman wie mit einem Fade-out in einem Song langsam und geduldig ausblenden wollen.

7.2 Plottechniken: Schreiben nach Plan

Zum Plotten, also zum Planen und Strukturieren Ihrer Kapitel, Schauplätze, Begebenheiten und Ereignisse, gibt es zahlreiche, bewährte Methoden. Im Folgenden stellen wir Ihnen drei Techniken vor, die es Ihnen erlauben werden, Ihren Roman wie ein Patchwork aufzulegen, zusammenzunähen und bei Bedarf auch wieder aufzutrennen.

7.2.1 Checkliste

Bevor Sie mit dem Plotten beginnen, sollten Sie noch einmal alle Fragen klären, die wir bisher aufgeworfen haben. Erst wenn Sie die Hinter- und Beweggründe Ihrer Geschichte verstehen, ist eine Vertiefung und Verdichtung der Handlung möglich.

- Was ist das Motiv Ihrer Geschichte?
- Welche Botschaft wollen Sie vermitteln?
- Wer sind Ihre Hauptfiguren?
- Welche Ziele verfolgen Ihre Figuren?
- Welche Hintergründe motivieren Ihre Figuren?
- Welche inneren Konflikte trägt Ihre Hauptfigur aus?
- Welche äußeren Konflikte tragen sich zwischen den Figuren zu?
- Welche Perspektive wählen Sie für Ihre Story?
- Wo liegen die zentralen Schauplätze Ihrer Geschichte?
- Welchen Zeithorizont wählen Sie für Ihr Buch?
- Auf welches Ziel steuert Ihre Geschichte zu?

7.2.2 Fünf-Akt-Modell

Das Drei-Akt-Modell und dessen klassische Gliederung in Anfang, Hauptteil und Schluss haben Sie bereits kennengelernt. Wie Sie hier Höhepunkte, Wendungen und Ausblendungen anwenden, haben wir bereits geschildert. Die erweiterte, etwas spezifischere Form des Drei-Akt-Modells ist das sogenannte Fünf-Akt-Modell:

1. **Exposition:** Vorstellung von Personen, Schauplätzen, Stimmungen, Situationen, Zeit und Ort sowie Anbahnung des Konflikts.
2. **Steigerung:** Das Geschehen spitzt sich zu. Der Konflikt schwelt. Die Geschwindigkeit nimmt zu. Der Protagonist kontrolliert oder verliert die Handlungsgewalt.
3. **Höhepunkt:** Die Handlung erreicht ihren Höhepunkt, der Konflikt öffnet und offenbart sich in einem konkreten Geschehen. Der Protagonist stellt sich der Situation. Eine entscheidende Wendung vollzieht sich.
4. **Rückschlag und Retardation:** Der Protagonist erlebt einen Rückschlag und das Tempo nimmt ab. Eine temporäre Aussichtslosigkeit stellt sich ein. Die Handlung wird künstlich verzögert. Spannung stellt sich ein.
5. **Auflösung:** Der Konflikt wird aufgelöst, das Motiv kommt deutlich zum Tragen. Der Schluss offenbart sich im Scheitern oder Siegen der Protagonisten.

7.2.3 Sieben-Punkte-System

Neben der Fünf-Punkte-Struktur bietet sich die Ausarbeitung des Sieben-Punkte-Systems an, einer vergleichbar leichtgängigen Technik.

1. **Aufhänger:** Vorstellung von Personen, Schauplätzen, Stimmungen, Situationen, Zeit und Ort sowie Anbahnung des Konflikts.
2. **Erste Wendung:** Ein dramatisches Ereignis verursacht eine Zäsur in der Handlung. Ein Wendepunkt bahnt sich an.
3. **Erster Kniff:** Der Protagonist wird dazu gezwungen, zu handeln und aus seiner Komfortzone zu treten.
4. **Mittelpunkt:** Der Protagonist muss sich seinem Konflikt stellen.
5. **Zweiter Kniff:** Etwas misslingt, der Protagonist sieht sich einer gewissen Aussichtslosigkeit gegenüber.
6. **Zweite Wendung:** Ein überraschendes Ereignis, mit dem der Leser nicht gerechnet hat, läutet eine Kehrtwende ein.
7. **Auflösung:** Der Konflikt wird aufgelöst, das Motiv kommt deutlich zum Tragen. Der Schluss offenbart sich im Scheitern oder Siegen der Protagonisten.

Der Erfinder des Sieben-Punkte-Systems, der Science-Fiction-Autor Dan Wells, der auch den erfolgreichen Podcast *„Writing Excuses"* *(www.writingexcuses.com)* betreibt, empfiehlt übrigens ebenfalls, das Sieben-Punkte-System von hinten aufzurollen. Noch bevor man sich dem Aufhänger widmet, sollte man sich dem Ende zuwenden. Erst wenn die Lösung feststeht, lässt sich auch die Gleichung davor aufstellen.

7.2.4 Schneeflocken-Methode

Die Schneeflocken-Methode, auch Snowflake Method genannt, ist ein weit verbreitetes Modell zum Plotten. Die Schneeflocken-Methode ist sehr vielschichtig und manchen Autoren zu strategisch für einen freien, kreativen Prozess. Versucht man sich aber erst einmal an der akribischen Vorarbeit, die vom amerikanischen Autor Randy Ingermanson entwickelt wurde, wird man schnell die

Vorzüge dieser Art des Plottens zu erkennen lernen. Nachdem Ingermanson ein eigenes Buch zu seiner Methode geschrieben hat, *„How to Write a Novel Using the Snowflake Method",* werden wir deren Grundstrukturen nur kurz umreißen. Zur Vertiefung empfiehlt sich aber auf jeden Fall ein Blick ins Buch.

1. **Schritt:** Versuchen Sie, die Handlung Ihres Buchs in einem Basissatz zusammenzufassen. Die Maximalanzahl an Wörtern sollte 15 nicht übersteigen. Als Beispiel führt Ingermanson in seinem Buch den Satz zu einem seiner eigenen Romane an: *„Ein unberechenbarer Physiker reist in der Zeit zurück, um den Apostel Paulus zu töten."*
2. **Schritt:** Nun erweitern Sie den Basissatz zu einem Set aus fünf Sätzen. Der erste Satz bildet den Ausgangspunkt der Handlung, der zweite Satz den äußeren, der dritte und vierte Satz den inneren Konflikt. Im fünften Satz schreiben Sie Ihre Idee vom Ende nieder.
3. **Schritt:** Widmen Sie sich jetzt der Ausarbeitung Ihrer Figuren und skizzieren Sie für jede von ihnen einen komprimierten Charakterbogen, aufbauend auf folgenden Fragen:
    I. Wie ist der Name der Figur?
    II. Welche Motivation bzw. welches Handlungsmotiv hat die Figur?
    III. Welches Ziel verfolgt die Figur?
    IV. Welchen Konflikt verkörpert die Figur?
    V. Welche Erkenntnis gewinnt die Figur?
    VI. Wie lässt sich die Story aus Sicht der Figur in einem Satz zusammenfassen? Im nächsten Schritt erweitern Sie diesen Satz für jede Figur ebenfalls auf fünf Sätze. Bedienen Sie sich dabei der Vorlage aus Schritt 2. Gleichen Sie an diesem Punkt auch ab, ob sich die Storylines der Figuren noch mit Ihrem Grundkonzept für die Story vereinen lassen. Wenn nicht, so scheuen Sie nicht davor zurück, das Konzept zu redigieren.

4. **Schritt:** Nehmen Sie sich Ihre Notizen aus Schritt 2 wieder zur Hand. Jetzt bauen Sie jeden der Sätze wieder zu jeweils fünf Sätzen aus. Dabei sollte jeder der Abschnitte mit einem Höhepunkt, einer Wendung oder Überraschung enden. Ausgenommen von diesem Aufbau ist der Schluss, der die Auflösung der Geschichte enthält.
5. **Schritt:** Fassen Sie nun die Geschichte aus der Sicht jeder Hauptfigur auf einer Seite zusammen. Für Nebenfiguren reicht auch eine halbe Seite. In diesem Schritt entstehen meistens neue Ideen. Durch Überarbeitung vorheriger Schritte können Sie zusätzliche Zugänge problemlos in den Plot integrieren.
6. **Schritt:** Nun liegen Ihnen alle Handlungen und Parallelhandlungen aus Sicht Ihrer Protagonisten vor. Expandieren Sie nun jene fünf Sätze, die Sie in Schritt 4 erarbeitet haben, zu einer Handlungszusammenfassung von etwa vier Seiten.
7. **Schritt:** Nun geht es an die Vertiefung. Legen Sie für jede Ihrer Figuren einen Charakterbogen, wie in Kapitel 6.3.1 und 6.3.2 beschrieben, an.
8. **Schritt:** An dieser Stelle wird es sehr systematisch. Arbeiten Sie ab hier am besten mit einem Tabellenkalkulationsprogramm, zum Beispiel mit Microsoft Excel. Greifen Sie noch einmal auf Ihr vierseitiges Exposé aus Schritt 6 zurück und zerlegen Sie es in Szenen. Für jede einzelne Szene legen Sie eine Zeile im Excel Sheet an. Jede Zeile wiederum erhält zwei Spalten, eine für die Figur, aus deren Sicht die Handlung in dieser Szene geschildert wird, sowie eine weitere, die die Zusammenfassung der Szene enthält. Zum Schluss fügen Sie noch eine Spalte hinzu, in der Sie entscheiden, zu welchem Kapitel die Szene jeweils gehört. Am Schluss dieses doch sehr kalkulierten Systems sollten Sie etwa 100 Zeilen, also Szenen, konstruiert haben.
9. **Schritt:** Optional, nicht verpflichtend, können Sie nun ein 50 Seiten umfassendes Konzept, aufbauend auf Ihren Erkenntnissen aus Schritt 8, erstellen.

10. Schritt: Endlich können Sie schreiben! Verfassen Sie eine erste Fassung Ihrer Geschichte und wundern Sie sich, wie viel Freiheit die Schneeflocken-Methode Ihrer Kreativität einräumt, anstatt sie einzuschränken.

In all Ihren Bemühungen sollten Sie beim Plotten eines nie außer Acht lassen: Die kreative Freiheit. Auch wenn Sie noch so exakte Pläne erstellen, wird Ihre Fantasie Sie beim Schreiben immer mit neuen Einfällen begeistern. Lassen Sie das zu und scheuen Sie nicht davor zurück, Ihr Konzept gegebenenfalls an Ihre neuen Ideen anzupassen: Das Schreiben ist kein statischer Akt, es ist ein Prozess. Lassen Sie sich darauf ein und genießen Sie den Spaß an der Sache.

7.3 Exkurs Nonfiction

Die Gliederung eines Sachbuchs erinnert, zumindest strukturell, an die wissenschaftlicher Arbeiten. Zwar nehmen Sie auch hier eine Unterteilung in Anfang, Hauptteil und Schluss vor, jedoch sollten Sie zugunsten der Seriosität auf Dramaturgieelemente wie Plot Points oder Parallelhandlungen verzichten. Ein Sachbuch beschäftigt sich im Wesentlichen mit einer Kernfrage, mit einem Konflikt: Ihre Aufgabe ist es, diesen Konflikt nach dem These-Antithese-Synthese-Prinzip aufzuarbeiten.

Anders als in einer Seminararbeit oder Dissertation ist aber auch und vor allem Ihr subjektiver Zugang gefragt. Ein absolutes Objektivitätsgebot wäre im Sachbuchgenre kontraproduktiv. Schließlich und endlich wollen Sie Ihre Leser zum Nach-, wenn nicht zum Umdenken anregen – das braucht den Mut zu polarisieren. Folgende Elemente sollte der Plot eines Sachbuchs enthalten:

- **Vorwort:** Sie begrüßen den Leser und führen ihn in Ihr Thema ein. Ihr Standpunkt sollte schon im Vorwort klar zum Ausdruck kommen. Hier ist auch Raum für Ihre persönlichen Beweggründe, das Buch zu schreiben. Im Vorwort stellen Sie außerdem die Frage oder Forschungsfrage, die Sie beschäftigt. Für einen natürlichen Kapitelübergang bietet sich eine rhetorische Frage an. Im Vorwort dürfen Sie die Ist-Situation durchaus auch überspitzt – überspitzt, nicht verfälscht – darstellen. Das erzeugt Spannung und weckt die Neugier im Leser.
- **Anfang:** Der Anfang enthält einen klassischen Themenaufriss und erläutert das theoretische Fundament zu Ihrer Fragestellung. In diesem Abschnitt sollten Sie nicht zu wissenschaftlich werden. Wenn Sie jetzt zu schonungsvoll mit dem Objekt Ihrer Kritik verfahren, riskieren Sie das Interesse Ihrer Leser. Lassen Sie auch immer wieder Ihre subjektive Meinung einfließen, das stärkt die Leserbindung enorm. Es ist wichtig, dass Sie Ihr Publikum schon auf den ersten Seiten für sich gewinnen und es davon überzeugen, sich mit Ihnen zu solidarisieren. Verweisen Sie immer wieder auf die These, die Fragestellung, die Sie beschäftigt – und verschärfen Sie den Konflikt.
- **Hauptteil:** Fechten Sie die Ist-Situation an und informieren Sie Ihr Publikum über die bestehende Bedrohung. Wenn es Ihnen gelungen ist, die Leser auf Ihre Seite zu ziehen, werden sie sich von dem Problem, das Sie erläutern, betroffen fühlen. Jetzt ist es an der Zeit, dieses Gefühl mit Statistiken, Bildmaterial, Studienergebnissen oder Expertenmeinungen zu verstärken. Den Höhepunkt können Sie auch mit einer Hypothese gestalten. Richten Sie sich hier nach der Frage: *„Was passiert, wenn wir jetzt nicht handeln?"* Mit einem hypothetischen Beispiel untermauern Sie die Relevanz Ihres Werks.
- **Schluss:** Ähnlich wie in der Welt des Fiktionalen verlangt der Schluss nach einer Auflösung des Konflikts. Nun ist es an Ihnen,

Lösungen für das bestehende Problem anzubieten. Sie haben Ihren Leser davon überzeugt, dass er etwas an der Ist-Situation ändern muss. Doch wie sieht die Soll-Situation aus und wie erreicht er dieses Ziel? Entlassen Sie Ihr Publikum unbedingt mit Lösungsvorschlägen. In einem Sachbuch ist der Leser der Protagonist – er erfährt den Entwicklungsprozess. Wenn sich aus Ihrem Buch keine Strategie ableiten lässt, gibt es keinen Lerneffekt. Damit wäre jedes Potenzial verwirkt.

Wenn Sie eine Biografie schreiben, können Sie sich übrigens an den Plottechniken für fiktionale Werke orientieren. Gute Biografien wirken wie echte, lebendige Lebensgeschichten und sind alles andere als eine chronologische Abfolge von Ereignissen. Ein Beispiel hierfür sind die Biografien von Stefan Zweig: Bücher wie *„Marie Antoinette. Bildnis eines mittleren Charakters"* oder *„Magellan. Der Mann und seine Tat"* lesen sich bis zur letzten Seite wie die Romane eines poetischen Geistes.

7.4 Schreibwerkstatt: Falls Sie einen Plan brauchen

- Greifen Sie auf einen der folgenden Archetypen nach Roy Peter Clark zurück und konstruieren Sie, aufbauend auf dem Drei-Akt- oder dem Fünf-Akt-Modell, einen groben Plot für die Geschichten. Welche Wendungen, Überraschungen oder möglichen Lösungen fallen Ihnen ein?
    - ✓ Reise und Rückkehr
    - ✓ Die Hoffnung auf den Preis
    - ✓ Einen geliebten Menschen verlieren oder gewinnen
    - ✓ Verlust und Wiederherstellung
    - ✓ Der Segen wird zum Fluch

- ✓ Die Überwindung von Hindernissen
- ✓ Phönix aus der Asche
- ✓ Das hässliche Entlein
- ✓ Der Kaiser ohne Kleider
- ✓ Abstieg in die Unterwelt
• Lesen Sie Ihre Lieblingsbücher noch einmal. Studieren Sie Anfang, Hauptteil und Schluss genau. Welche Techniken wurden angewandt? Können Sie ein Muster feststellen?

PERSPEKTIVE

> „Mit jedem Perspektivenwechsel geht die Chance einher, im Vertrauten Neues zu entdecken."
> Markus Mirwald

Die Wahl der richtigen Erzählperspektive sollte strategisch passieren. Die Erzählperspektive ist ein zuverlässiges Instrument, wenn es um den künstlichen Aufbau von Nähe und Distanz geht. Die Frage nach der richtigen Kameraeinstellung ist nicht nur eine Frage der Technik. Oftmals ist es auch eine Entscheidung, die auf stilistischen Überlegungen beruht. Ein allwissender Erzähler zum Beispiel kann mehr von seinem persönlichen Stil einbringen als etwa ein Ich-Erzähler. Der Ausdruck des Ich-Erzählers ist durch sein Naturell gefärbt: Je nachdem, welcher Vergangenheit, welchem Milieu, welchem Menschenschlag der Erzähler entspringt, sind auch seine Wahrnehmung und seine Fähigkeit sich auszudrücken geprägt. Während Sie als allwissender Erzähler vielleicht schreiben würden: *„Auf den Wandportraits klebte Blut, was die um Freundlichkeit bemühten Gesichter der Portraitierten zu grotesken, grauenvollen Fratzen gefrieren ließ",* wird der abgebrühte Beamte, der seine Ermittlungen aus der Ich-Perspektive beschreibt, wohl eher auf folgende Beschreibung setzen: *„Überall klebte Blut. Sogar auf den Wandportraits. Das Lächeln war den Portraitierten trotz der Sauerei nicht vergangen – mit dem feinen Unterschied, dass sie jetzt aus einer perversen Blutmaske lächelten."* In die erste Version fließt der individuelle Ausdruck des Autors ein, während die zweite mit der Stimme des Hauptprotagonisten vertont wird. Für den abgehärteten Ermittler, der schon alles gesehen hat, ist der Anblick der oben beschriebenen Blutportraits wahrscheinlich kein grauenvoller. Vielmehr wird er, dessen Tagesgeschehen von Tatorten bestimmt wird, sich seinen Beobachtungen mit Nonchalance ergeben. Beziehen Sie diesen Aspekt unbedingt in die Wahl Ihrer Erzählperspektive mit ein.

8.1 Erzählperspektiven

8.1.1 Klassische Erzählperspektiven

Generell werden folgende Perspektiven unterschieden:

- **Der auktoriale Erzähler:** Der auktoriale Erzähler ist allwissend. Er kennt jeden Schauplatz, jede Figur und all ihre Gedanken und Handlungsmotive. Zwar haben Sie als Autor ohnehin die allumfassende Biografie Ihrer Figuren im Kopf, als auktorialer Erzähler teilen Sie diese Details aber auch mit Ihren Lesern, während Sie sie in anderen Erzählformen zum Teil verschweigen. Bekannt ist Ihnen diese Erzählform vielleicht von ihrem prominentesten Vertreter: dem Märchen. In Märchen, Sagen und Fabeln kommt der allwissende Erzähler in seiner einfachsten Form zum Einsatz: Er schildert die Hintergründe des anständigen, braven Mädchens aus armen Verhältnissen ebenso wie die des arglistigen Wolfs. Die Taten des griechischen Heros sind Ihnen nach dem Lesen der Heldensagen ebenso bekannt wie die Gründe, die die Götter zu ihrer Rache veranlasst haben. Ähnlich wie die Götter wahren Sie als allwissender Erzähler den Gesamtüberblick über das ganze Geschehen und sind dazu in der Lage, es Ihren Lesern zu vermitteln. Die auktoriale Form ist praktisch, wenn Sie lange Zeitspannen schildern wollen, die über die Lebensdauer eines Protagonisten hinausreichen. Auch für Rückblenden, die sich der Erinnerung Ihrer Hauptfiguren eigentlich entziehen müssten, bietet der allwissende Erzählstil erweiterten

Spielraum. Darüber hinaus dürfen Sie als Erzähler die Erzählsituation sogar kommentieren oder bewerten. Das kann von Interesse sein, wenn Ihnen wichtig ist, dass das Publikum Ihre Auffassung und Interpretation der Geschichte erlebt – und nicht seine eigene. Nachteile jedoch entstehen, wenn Sie Ihr Publikum möglichst nahe an Ihren Hauptprotagonisten heranführen möchten. Eine Betrachtung aus der auktorialen Perspektive ist immer auch eine Betrachtung aus sicherer Distanz. Das allsehende Auge des Autors muss alle Entwicklungen im Blick behalten. Für Detailbetrachtungen aller Gedanken, Emotionen und Kognitionen bleiben weder der notwendige Raum noch die Zeit.

- **Der personale Erzähler:** Personale Erzähler überliefern den Inhalt zumeist über einen oder mitunter auch mehrere Hauptprotagonisten. Zur Schilderung der Ereignisse dienen in dieser Erzählform die Personalpronomen *er* oder *sie*. Wiedergegeben wird, was Ihre Figur erlebt. Alles darüber hinaus liegt, zumindest für Ihr Publikum, im Dunkeln. Entschließen Sie sich zu einem Roman aus der personalen Erzählperspektive, müssen Sie sich zu jeder Zeit zwei Fragen stellen: *„Was weiß meine Figur?"* und *„Woher weiß es meine Figur?"* Wenn Sie sich für die personale Erzählform entscheiden, müssen Sie Ihre Figur permanent bei ihrem Informationsgewinn unterstützen. Sprechen, Beobachten, Lauschen, Lesen – es gibt viele Wege, wie Ihre Figur sich Zugang auch zu jenen Gedanken verschaffen kann, die nicht ihre eigenen sind. Der personale Erzählstil ist eine Option, wenn Sie zwischen Ihrem Protagonisten und Ihrem Publikum ein bisschen Distanz schaffen wollen. Diese Technik bietet sich zum Beispiel an, wenn Sie besonders eigentümliche, unnahbare Typen entwerfen. Vielleicht sollen Ihre Leser erst im Laufe der Handlung Freundschaft mit der Figur schließen oder Sie wollen ein Exempel statuieren und den Abstand künstlich fingieren. Das ist oftmals der Fall, wenn ein Antiheld die Hauptfigur sein soll. Im

Gegensatz zur auktorialen Erzählperspektive bietet die personale den Vorteil, dass sie schneller Spannung erzeugt. Schließlich und endlich will nicht nur Ihre Figur mehr erfahren, sondern auch Ihr Publikum. Für einen Krimi jedenfalls macht die personale Erzählstruktur sicher mehr Sinn als die auktoriale – andernfalls erübrigt sich die Suche nach dem Täter.

- **Der neutrale Erzähler:** Die neutrale Erzählform ist vor allem vom Drama bekannt. Hier schließt sich der Erzähler völlig aus dem Geschehen aus und lässt stattdessen die Figuren die Handlung erzählen. Anwendung findet der neutrale Erzählstil aber nicht nur in den Dialogen eines Dramas. Auch für ausgewählte Romane, zum Beispiel Briefromane, ist er sinnvoll. Eine moderne Version des Briefromans, die auf eine objektive Erzählform zurückgreift, ist wohl Daniel Glattauers *„Gut gegen Nordwind"*, ein Buch, das ausschließlich durch den E-Mail-Dialog von zwei Protagonisten erzählt wird. Die Stimme des Autors ist unhörbar. In den Vordergrund tritt das Erleben aus der Perspektive der Figuren. Die Technik bietet sich sicher nicht für alle Genres an, doch gekonnt eingesetzt kann auch sie Tiefenwirkung erzeugen.
- **Der Ich-Erzähler:** Die klassische Erzählvariante neben der personalen ist die des Ich-Erzählers. Hier wird alles Geschehen aus der introspektiven Sicht des Hauptprotagonisten vermittelt. Mehr Identifikation mit Ihrer Hauptfigur wird Ihr Publikum in keiner anderen Erzählform erfahren. Empfinden, Emotionen, Kognitionen – der Ich-Erzähler liefert einen Realitätsausschnitt aus erster Hand. Klarerweise gewähren Sie Ihrem Publikum durch diese Erzählvariante nur Einblick in den Kopf Ihrer Hauptfigur, nicht aber in andere. Ihre Figur schildert daher nur ihre Interpretation der Wahrheit, und nicht die Wahrheit selbst. Wenn Sie jedoch mit Ihrer Figur der Wahrheit auf den Grund gehen wollen, dann kann die Wiedergabe aus der Ich-Perspektive ein wahrer Kunstgriff sein, weil auch sie Spannung erzeugt. In der

Ich-Perspektive können Sie außerdem noch zwei Differenzierungen vornehmen:
- ✓ **Erlebendes Ich:** Das erlebende Ich gibt alle Handlungsaspekte aus der Gegenwart, also in Echtzeit, wieder.
- ✓ **Erzählendes Ich:** Das erzählende Ich erlebt die Handlung durch eine Rückschau auf Erlebtes und gibt die Geschichte zumeist in Form von Gesprächen, Aufzeichnungen oder Tagebucheinträgen wieder.

8.1.2 Wechselnde Erzählperspektiven

Einige Autoren bauen auf ein Zusammenspiel von mehreren Erzählperspektiven, anstatt sich für eine zu entscheiden. Diese Vorgehensweise verlangt allerdings Können und sollte nicht gleich im ersten Buch zum Einsatz kommen. Mitunter kann es sonst passieren, dass die Geschichte nicht mehr stimmig wirkt, ohne dass Sie den konkreten Grund dafür ausmachen können. Für die Vertiefung Ihrer Kenntnisse können Sie aber auch folgende Beispiele studieren:

- **Multiperspektive:** Die Multiperspektive ist eine erweiterte Form der personalen Erzählperspektive. Hier wird durch bewussten Perspektivenwechsel die Handlung aus der Sicht mehrerer Protagonisten erzählt. Bekannt ist diese Erzählform zum Beispiel aus *„Die Frau des Zeitreisenden"* von Audrey Niffenegger. Um die Komplexität der Zeitsprünge, die die Hauptfigur Henry erlebt, überschaubar zu halten, berichtet die Autorin die Erlebnisse auch aus der Sicht von Clare, Henrys Frau. Und auch George R. R. Martin, der Autor von *„Das Lied von Eis und Feuer",* übt sich in beachtlichem Ausmaß in der Kunst der Multiperspektive. Insgesamt kommen alleine 15 Hauptfiguren zu Wort, die Nebenfiguren noch nicht mitgerechnet. Zur Orientierungshilfe wird jedes neue Kapitel nach dem jeweils erzählenden Protagonisten benannt. Ein solches Vorgehen verlangt allerdings sorgfältigste Planung und sollte nur dann von Ihnen in Betracht gezogen werden, wenn systematisches Schreiben für Sie in Frage kommt.

- **Beobachtendes Ich:** Das beobachtende Ich ist eine Adaption des Ich-Erzählers, bei dem die Geschichte nicht aus dem Blickwinkel einer Haupt-, sondern aus dem einer Nebenfigur geschildert wird. Ein sehr berühmtes Beispiel für das beobachtende Ich ist der Roman *„Der große Gatsby"* von Francis Scott Fitzgerald. So wird das Schicksal von Jay Gatsby nicht etwa von diesem selbst, sondern von seinem Freund Nick Carraway berichtet. Hätte Fitzgerald den Roman aus Gatsbys Sicht geschildert, so wäre die geheimnisumwobene Aura, die Gatsby umgibt, verloren gegangen. Denn nur durch die Erzählung aus der Distanz konnte Fitzgerald Gatsby zu der mysteriösen Figur machen, die sie ist – ohne dabei auf die Intimität der Ich-Perspektive zu verzichten.

- **Innerer Monolog:** Der innere Monolog ist die überspitzte Form der Ich-Perspektive. Hier geht es weniger um die Betrachtung der Außen- als die der Innenwelt des Protagonisten. Der innere Monolog gibt die Gedanken des Erzählers unstrukturiert und ungeordnet wieder. Mitunter braucht es psychoanalytische Vorkenntnisse, um einen solchen Roman zu schreiben. Ein prominentes Beispiel ist Arthur Schnitzlers *„Lieutenant Gustl",* das tiefe Einblicke in das Seelenleben der Hauptfigur gewährt.

8.2 Distanz und Nähe

Distanz und Nähe werden nicht nur durch den inneren, sondern auch durch den äußeren Blickwinkel geschaffen. Als Erzähler betrachten Sie nicht nur die Begebenheiten zwischen Ihren Figuren, sondern auch die in ihrem Umfeld. Wenn Sie sich also für eine Erzählperspektive entschlossen haben, sollten Sie darauf achten, wie Sie Schauplätze und Szenen ins Auge fassen. Dem Leser gibt die Nähe zum Geschehen oft essenzielle Auskünfte, die seine Fantasie anregen oder nicht anregen. Ein Gespräch zum Beispiel können Sie mit der Beschreibung der Umgebungskulisse oder aber mit der des Gesprächspartners, seiner Hände, seiner Gestik, seiner Mimik erzählen. In welcher der beiden Formen ist der Leser wohl näher am Geschehen?

Um ein Gespür für Nähe und Distanz zu entwickeln, sollten Sie Ihren Blick für die Filmwelt schärfen. Autor Roy Peter Clark unterscheidet fünf Kameraperspektiven, die Sie sich auch in der Welt der Literatur zunutze machen können:

- **Vogelperspektive:** Der Autor betrachtet ein größeres Gesamtgeschehen, zum Beispiel die Fans in einem Fußballstadion, die Kulisse eines Kriegsschauplatzes, einer Massendemonstration oder eines Musikfestivals.
- **Establishing Shot:** Hier ist der Autor schon näher am Schauplatz. Einzelne öffentliche oder private Räume, zum Beispiel Schulen, Restaurants oder Arbeitsplatz und Wohnung, werden ins Auge gefasst.
- **Mittlere Distanz:** Aus dieser Distanz reicht die Sichtweite, um Bewegungen und Handlungen von Akteuren aufzuzeichnen. Man erkennt einzelne Menschen, jedoch nicht deren Physiognomie.

- **Close-Up:** Gesichter und deren Ausdrücke sind klar zu erkennen. Augenbrauen, Augenform und Lippenkontur werden beschrieben, um aktiv Emotion zu schaffen. Anstatt also zu schreiben *„Er war schockiert"*, gestattet Ihnen die verringerte Distanz zur Figur nun folgende Schilderung: *„Er riss die Augen auf."*
- **Extreme Close-Up:** Eine feine Narbe, ein Muttermal in außergewöhnlicher Farbe und Form oder ein Tattoo werden sichtbar. Ein Bild hängt schief an der Wand, dem Stuhl fehlt ein Bein oder der Tresor ist geöffnet. Gehen Sie in die Tiefe.

Beim Schreiben eines Buchs sollten Sie auf alle Perspektiven zurückgreifen und die Wechsel zwischen ihnen wie eine Kamerafahrt inszenieren. Beschreiben Sie zuerst das Donnern und Grölen im Stadion, bevor sie auf die spezielle Rolle Ihres Protagonisten in diesem Gesamtgefüge eingehen. So erzeugen Sie nicht nur Stimmung, sondern auch ein interessantes Spiel aus Nähe und Distanz.

8.3 Schreibwerkstatt: Die richtige Perspektive finden

- Beobachten Sie die Szenerie in einem Kaffeehaus, einem Park, einem Schwimmbad oder an anderer, beliebiger Stelle. Machen Sie sich so viele Notizen wie möglich. Nun geben Sie Ihre Beobachtungen einmal aus der auktorialen, einmal aus der personalen, einmal aus der neutralen – indem Sie zum Beispiel den Nachrichtenverkehr am Smartphone zwischen zwei Freunden beschreiben – und einmal aus der Ich-Erzählperspektive wieder.

MOTIVATION

9

> „Ein Schriftsteller, der den perfekten Moment abwartet, wird sterben, ohne in seinem Leben auch nur ein einziges Wort zu Papier gebracht zu haben."
> Elwyn Brooks White

Sie wollen Schriftsteller werden und sind hoch motiviert. Woher wir das wissen? Wäre es anders, dann hätten Sie dieses Buch nie gelesen. Schon Ihre intensive Beschäftigung mit dem Thema *„Schreiben"* beweist die Ausprägung Ihres inneren Antriebs.

Sie haben dennoch das Gefühl, dass Ihnen die Motivation fehlt, oder Sie wissen nicht, wo oder wie Sie anfangen sollen? In diesem Fall können wir Sie beruhigen: Ihnen mangelt es sicher nicht an Motivation, sondern an Routine. Wer sich vornimmt, ein Buch zu schreiben, stellt sich einem umfangreichen, wenn nicht überdimensionalen Projekt. Oft ist es die schiere Größe, die einen zurückschrecken lässt. Dies beweist aber, dass es bloß die Vorstellung des Projekts und nicht das Projekt selbst ist, dass uns zum viel zitierten Prokrastinieren, zum Aufschieben, verleitet. Das Aufschieben äußert sich in den meisten Fällen in einfallsreichen Ausreden. Der Klassiker unter den Gründen, die für Nichthandeln angeführt werden, ist der Mangel an Zeit. Wenn aber die Zeit, die in Zeitverschwendung, zum Beispiel Social Media, Shopping oder Serienmarathons, investiert wird, vom Tageskontingent an Stunden, Minuten und Sekunden abgezogen wird, bleibt plötzlich doch ein Überschuss bestehen – ein Überschuss, der zum Schreiben genutzt werden kann.

In John Streleckys Bestseller *„Das Café am Rande der Welt"* – dem Standardwerk für Sinnsuchende – rechnet sich Hauptprotagonist John jene Zeit aus, die er in seinem Leben durchschnittlich mit der

Durchsicht der Post zubringt. Dabei kommt er auf eine Zeit von 20 Minuten, die er an sechs Tagen pro Woche jeden Tag mit Sichten, Sortieren und Wegwerfen von Inhalten verbringt, die ihn ohnehin nicht interessieren. Hochgerechnet auf eine Lebenszeit von 75 Jahren, ausgehend vom Tag des Studienabschlusses mit 22 Jahren, kommt John in seiner Gleichung auf ein Ergebnis von einem Jahr – einem Lebensjahr, das er nur mit dem Sichten, Wegwerfen und Vergessen von Werbung vergeudet.

Dieses Beispiel ist natürlich eine Übertreibung, dennoch veranschaulicht es sehr gut, dass wir selbst für die Einteilung unserer Zeit verantwortlich sind. Fehlende Zeit ist also keine Ausrede. Was Ihnen fehlt, ist eine Strategie.

Selbst die größten Schriftsteller brauchten Routinen und Strategien, um ihr Pensum zu erfüllen. Ernest Hemingway zum Beispiel schrieb nur im Stehen, Haruki Murakami verordnet sich jeden Tag von 04:00 Uhr bis 10:00 Uhr morgens konsequente Schreibarbeit. Erst danach erlaubt sich der Bestsellerautor Freizeit in Form von Schwimmen, Laufen oder Zeit mit Freunden und Familie.

Damit Sie trotz Beruf und Freizeitstress Zeit zum Schreiben finden, können Sie sich an die folgenden Strategien halten. Eine Regel gilt aber für alle Anhaltspunkte: Gehen Sie nicht zu streng mit sich ins Gericht und gönnen Sie sich auch Pausen, wenn Sie einmal keine Motivation aufbringen können oder wollen. Wie sagte schon Stefan Zweig: *„Auch die Pause gehört zur Musik."*

9.1 Die Motivation anfachen

9.1.1 Zehn Schreibroutinen für motivierte Stunden

1. **Setzen Sie sich Zwischenziele:** Ein Buchprojekt, ganz gleich welchen Genres, kann selbst den ambitioniertesten Workaholic übermannen. Durch den Druck, den ein Projekt solcher Größenordnung ausübt, scheitert der Schreibprozess, noch bevor er begonnen hat. Setzen Sie sich daher Zwischenziele. Beginnen Sie zunächst mit der Planung, wie in diesem Ratgeber beschrieben. Indem Sie Ihr Buch in einzelne Schritte zerlegen, es in Figuren, Kapitel und Szenen unterteilen, wird Ihr Projekt überschaubar. Absolvieren Sie Einheit für Einheit und erfreuen Sie sich an jedem geschriebenen Wort – es bringt Sie Ihrem Ziel näher.
2. **Belohnen Sie sich:** Nachdem Sie Schriftsteller sind, ist es sehr wahrscheinlich, dass Sie aus einer intrinsischen Motivation heraus handeln. Demgemäß sind der Stolz, der Spaß und die Leidenschaft, die Sie beim Schreiben empfinden, Ihre stärksten Antriebe. Dennoch sollten Sie auch die Kraft Ihrer extrinsischen Motivation aktivieren, indem Sie sich regelmäßig selbst eine kleine Aufmerksamkeit schenken. Das kann ebenso eine Massage für die steifen Schriftstellerschultern wie ein Eisbecher für den Zuckernachschub nach kreativen Überstunden sein. Belohnen Sie sich für jeden Fortschritt mit einer Sache, die Ihnen richtig guttut. Sie schreiben ein Buch, Sie leisten Großartiges – entschädigen Sie sich angemessen für Ihr Engagement.
3. **Schalten Sie die Selbstzweifel stumm:** Es ist möglich, dass während des Schreibens Selbstzweifel aufkommen. Ignorieren Sie diese insistierenden Stimmen der Selbstkritik und vermeiden Sie es, Ihren Text unterbewusst und unablässig einer Prüfung zu unterziehen. Wenn Sie lesen, schreiben Sie nicht. Verfassen Sie

daher die Erstfassung des Werks in einem Tempo, das keinen Raum für ständiges Selbsthinterfragen zulässt. Überarbeitungen und Bearbeitungen müssen Sie ohnehin nach der Fertigstellung noch vornehmen. Zuerst kommt die Produktion, dann erst die Perfektion. Es ist wichtig, dass Sie sich für den ersten Schreibdurchlauf eine gewisse Gelassenheit aneignen. Nehmen Sie sich selbst nicht zu ernst. Mit erfrischender Ehrlichkeit hat das auch schon Hemingway beschrieben: *„Der erste Entwurf ist immer scheiße."* Wer in dem Bewusstsein, dass selbst ein Hemingway seine Erstfassung hinterfragte, sein Buch schreibt, wird bis zum ersten Schritt des Überarbeitens leichtgängig vorankommen.

4. **Etablieren Sie Rituale:** Haruki Murakami ist begeisterter Läufer. Angeblich beschließt er jeden Schreibtag mit einem mindestens zehn Kilometer langen Lauf. Bei Simone de Beauvoir erfolgte der Antritt zum Dienst an der Sprache prinzipiell nur bei einer Tasse Tee. Und Jack Kerouac betete sowohl vor als auch nach dem Schreiben für seine Frau, seine Mutter und seine Katzen. Erkennen Sie ein Muster? Schriftsteller brauchen Routinen, mit denen Sie sich in die richtige Stimmung versetzen. Menschen bewältigen ihren Tag rituell. Ganz gleich, ob sie nach dem Aufstehen ihre Zeitung lesen oder ihren Kaffee in sich aufnehmen, sie starten ihren Tag mit einem Ritual. Rituale versetzen unser Bewusstsein in den Modus, der gerade gefordert ist. Selbst das Ankleiden hat eine Wirkung auf unser Aktivitätsniveau. Es gibt Studien, die beweisen, dass Menschen in einem Anzug effektiver arbeiten als in einer Jogginghose. Genau dieses Prinzip sollten Sie sich auch für die schriftstellerische Aktivität zunutze machen. Ob mit einem Räucherstäbchen, einer Meditation oder mit dem Morgengruß eines Yogis – bringen Sie sich in Stimmung.

5. **Schicken Sie die Muse in die Wüste:** Muße, nicht Muse heißt Ihr Schlüsselwort. Inspiration ist wichtig, doch sollte sie nie als Ausrede herhalten. Wir wollen ehrlich sein: Die Idee der Muse ist

eine Illusion. Vielleicht steckte der Dichter, der sie erfunden hat, selbst in einem Motivationstief. Schließlich und endlich gilt der verwehrte Kuss der Muse als plausible Ausrede für Schreibausfälle. Verfallen Sie gar nicht erst der Versuchung. Wenn es um Schreibeffizienz geht, können Sie generell zwischen zwei Stufen unterscheiden: Jene Stufe, auf der Sie mehr schreiben, und jene, auf der Sie weniger schreiben. Die Stufe, auf der Sie nichts schreiben, existiert nicht. Sie können immer schreiben – an manchen Tagen wird es Ihnen nur leichter fallen als an anderen. Und wenn Sie Texte lesen, die Sie an Tagen, an denen die Muse ausgefallen ist, geschrieben haben, werden Sie mit Erstaunen feststellen, dass kein Unterschied zu allen anderen Texten erkennbar ist.

6. **Definieren Sie Stoßzeiten:** Schließen Sie einen Pakt mit sich selbst: Das Schreiben ist Dienst an Ihrem Lebenswerk: Definieren Sie Dienstzeiten und Deadlines. Diese Dienstzeiten sind verbindlich und genauso wichtig wie alle anderen alltäglichen Verpflichtungen. Behandeln Sie sie nicht nachrangig, auch dann nicht, wenn sich andere Verlockungen anbieten. Zeit fürs Schreiben finden Sie in einem beengten Zeitkontingent. Selbst wenn es nur 30 Minuten am Tag sind, wird ihr Werk erkennbare Fortschritte verzeichnen. Zu welcher Tages- oder Nachtzeit Sie schreiben, ist aber von Ihrem individuellen zirkadianen System abhängig. Die eine, perfekte Uhrzeit zum Schreiben gibt es nicht. Beide, Tages- und Nachtzeiten, versprechen ihre Vorzüge: Der Morgen zum Beispiel wartet mit Tageslicht auf, das Aktivität, Vitalität und Stimmung nachweislich aufhellt. Die Nacht dagegen lockt mit Vorzügen wie Stille, Intimität und Abschottung vor den Ablenkungsmanövern der Welt. Entscheiden Sie selbst, welches Arbeitszeitmodell am besten zu Ihrem Alltag passt.

7. **Beugen Sie Ablenkung vor:** Tolstoi und Co. hatten es leicht, vergleicht man das Ablenkungspotenzial, dem sie ausgesetzt wa-

ren, mit dem heutigen. Smartphones und deren unendliche Fülle an Informations- und Unterhaltungsprogrammen erschweren es uns, konzentriert zu arbeiten. Unterbrechungen stören nicht nur den Schreibfluss, sondern verzögern ihn sogar. Studien belegen, dass es nach jeder Unterbrechung bis zu 25 Minuten Einarbeitungszeit zurück in die behandelte Materie bedarf. Bei modernen Autoren kommen die Ablenkungsversuche auch noch aus deren Schreibinstrument selbst: dem Computer. So paradox es scheinen mag, schützen daher ausgerechnet Programme und Apps vor schriftstellerischer Inaktivität. Neben klassischen Tricks wie dem Flugmodus können wir folgende empfehlen:

I. **FocusWriter:** FocusWriter bietet eine minimalistische Benutzeroberfläche, die während des Schreibens sowohl Menüleisten als auch Programme und Ordner am Schreibtisch ausblendet. Das kostenlose Programm besteht aus einem Textfeld mit individuellem Hintergrundbild und einigen wenigen spielerischen Features. Auf Wunsch können zum Beispiel Schreibmaschinensounds aktiviert oder Tagesziele gesetzt werden. *www.gottcode.org/focuswriter*

II. **WriteMonkey:** Ebenfalls als Freeware erhältlich ist WriteMonkey, das auch auf schlichtes Design ohne Störfaktoren setzt. Spannend sind die erweiterten Features, zum Beispiel das integrierte Wörterbuch. Dadurch wird auch der kürzesten Internetrecherche vorgebeugt. Der Pomodoro-Timer, der auf dem gleichnamigen Prinzip basiert, ruft alle 25 Minuten zur fünfminütigen Pause auf. Nach vier Arbeitseinheiten wird eine längere Pause von 15 bis 20 Minuten verordnet. *www.writemonkey.com*

III. **iA Writer:** Während FocusWriter und WriteMonkey besser für kleinere Texteinheiten, etwa einzelne Kapitel oder Szenen, geeignet sind, schreibt man mit iA Writer problemlos auch ein ganzes Buch. „Die Essenz des reinen Schreibens" steht im Vordergrund, wie die Entwickler auf der Website schreiben. Eingehalten wird dieses Versprechen zum Beispiel durch den Fokusmodus, der den Text so formatiert, dass er dem Auge schmeichelt und alle Ablenkungen ausblendet. Doch nicht nur Konzentration und Fokus optimiert das Programm. Im Gegensatz zu anderen Anwendungen bringt iA Writer auch mit einer integrierten Stilprüfung das Beste aus einem Schriftsteller zum Vorschein. *www.ia.net*

IV. **Apps & Plugins:** Neben den oben genannten Programmen gibt es auch noch zahlreiche Apps, mit denen die Smartphonenutzung kontrolliert werden kann. Bekannte Vertreter sind QualityTime (*www.qualitytimeapp.com*) und Offtime (*www.offtime.app*), die in wachrufenden Statistiken Aufschluss über das eigene Smartphoneverhalten geben. Offtime schränkt den Smartphonekonsum auch abseits vom Schreibtisch ein. Entwickelt als Digital Detox App, versucht Offtime nachhaltige Verhaltensveränderungen zu bewirken und Anwender wieder mehr im Moment als im Smartphone zu verorten. Das spielerische Pendant zu den oben genannten bildet die App Forest, in welcher proportional zur Nichtnutzung Ihres Handys ganze Wälder und Bäume gedeihen: Je geringer Ihre Bildschirmzeit, desto prachtvoller Ihr Garten. (*www.forestapp.cc*). Vergessen Sie darüber hinaus auch nicht, die Push-Benachrichtigungen aller Ihrer Anwendungen auszustellen. Zuletzt sei noch SelfControl (*www.selfcontrolapp.com*) erwähnt, eine Computer-App für Mac, die den Websitebesuch vordefinierter Websites, zum Beispiel Facebook oder YouTube, unterbindet.

8. **Sorgen Sie für Ausgleich:** Halten Sie Ihre Kreativität am Leben, indem Sie bewusst Abstand vom Schreiben schaffen. Wenn Sie das Gefühl befällt, dass Sie sich jeden Vokal mit Mühe abringen müssen, dann lassen Sie von Ihrer Arbeit ab und machen Sie eine

Pause. Gehen Sie an die frische Luft, bewegen Sie sich, tanzen Sie, treffen Sie sich mit Freunden oder zerstreuen Sie sich in einer Menschenmenge. Alternativ können Sie auch Ihren Arbeitsplatz wechseln. Mieten Sie für zwei, drei Tage ein Haus am See in der Nähe und lassen Sie sich vom neuen Umfeld inspirieren.
9. **Bitten Sie um Hilfe:** Schreiben kann eine einsame Angelegenheit sein, wenn Sie ihm Gelegenheit dazu geben. Anstatt sich alleine mit ihrem Text abzumühen, treten geübte Autoren aber bewusst in den Austausch mit Artgenossen. Finden Sie einen Sparringpartner, mit dem Sie sich im Bedarfsfall austauschen können. Das schult nicht nur Ihre Kritikfähigkeit, die essenziell ist, wenn Sie besser werden wollen, sondern bringt Sie im Idealfall auch noch auf neue Ideen.
10. **Schreiben Sie jeden Tag ein bisschen:** Zücken Sie Stift und Papier – auch an den Tagen, an denen es schwerfällt. Selbst wenn Sie nur eine Seite schreiben, haben Sie noch immer etwas geschafft. Das Erfolgsgefühl, das sich dadurch unweigerlich einstellt, wird Sie auf konstantem Niveau motivieren.

9.1.2 *Was tun bei Schreibblockaden?*

Eine Schreibblockade, auch Kreativitätsblockade genannt, liegt vor, wenn Sie sich nicht mehr in der Lage dazu sehen, an Ihrem Werk weiterzuarbeiten. Die Ursachen für eine Schreibblockade mögen vielfältig sein, doch weisen sie alle ein gemeinsames Merkmal auf: Sie existieren nur in Ihrem Kopf.

In den meisten Fällen treten die Blockaden auf, wenn Angst oder Selbstzweifel zu groß werden. Stockt und streikt der Schreibprozess, ist der Druck zumeist untragbar. Als Antwort auf den Druckstau reagieren wir mit Ausweichmanövern und Vermeidungsverhalten. Wir suchen ein Ventil für den Druck und finden es in Ausflüchten und Alternativverhalten – plötzlich wird alles reizvoller als das Schreiben. Die größte Passion wird zum Feindbild. Eine Situation, von der auch die größten Schriftsteller, unter anderem Ernest Hemingway, Samuel Beckett, Fjodor Dostojewski, Franz Kafka und sogar der König des Outputs, Stephen King, schon betroffen waren. Doch überwunden haben sie sie alle.

Denn eine Schreibblockade lässt sich mit den richtigen mentalen Mitteln in Selbsttherapie behandeln. Wenn Sie in der Tinte sitzen, versuchen Sie es mit folgenden Techniken:

- **Planung:** Manche Schreibblockaden entstehen erst, wenn der Schreibprozess schon weit fortgeschritten ist. Wenn die Geschichte sehr komplex ist, verläuft man sich manchmal in ihren Metaebenen. Aus diesem Grund sollten Sie die Techniken des Plottens zumindest in groben Zügen befolgen. So beugen Sie einem Kontrollverlust vor und können Ihre Handlung konsequent zu Ende erzählen.
- **Ausblenden:** Wenn die Angst, unzureichend zu sein, die Ursache für die Schreibblockade ist, so sollten Sie sie einfach ausblenden. Am besten klappt das mit einem symbolischen Akt. Julia Cameron empfiehlt in ihrem Buch *„Der Weg des Künstlers"* die Anschaffung eines sogenannten Gottesgefäßes. Das klingt sakraler, als es ist. Ein Gottesgefäß kann eine Box, eine Schatulle oder auch eine Schachtel sein, die Ihren persönlichen Geschmack trifft. Stellen Sie diese Box in der Nähe Ihres Arbeitsplatzes auf und behalten Sie sie im Blickfeld. Immer dann, wenn sich Sorgen oder Ängste in Ihnen Raum machen, schreiben Sie sie nun auf ein Blatt Papier. Im nächsten Schritt zerreißen oder zerknüllen Sie es und werfen es in Ihr Gottesgefäß. Dort kann es bleiben, bis Sie Ihr Buch geschrieben, lektoriert, verbessert und – veröffentlicht haben.

- **Tun:** Anstatt Ihre Zeit in Zweifel und überhöhte Selbstansprüche zu investieren, sollten Sie sie mit Schreiben verbringen. Jede neue Zeile ist Beweis dafür, dass auch Ihre Blockade Sie nicht aufhalten kann – und wird Sie motivieren.
- **Zuspruch:** Ihr innerer Kritiker mag laut sein, dennoch können Sie ihn übertönen: Zum Beispiel im Chor mit Stimmen, die Ihnen Mut zusprechen. Julia Cameron empfiehlt folgende Technik: Gehen Sie in Ihrer Erinnerung zurück und suchen Sie nach einem Kompliment, das Ihnen mehr als alles andere bedeutet hat. Schreiben Sie es auf ein Blatt Papier und stellen Sie dieses vor sich auf den Schreibtisch. Wenn das nächste Mal Zweifel aufkommen, lesen und verinnerlichen Sie die Zeilen und vertrauen Sie auf sie. Dann schreiben Sie weiter.
- **Visualisierung:** Fokussieren Sie Ihr Ziel und verstärken Sie den Glauben an sich selbst mit Affirmationen. Affirmationen sind Sätze, die Sie wie ein Mantra vortragen und verinnerlichen. Die positiven Aussagen bestärken Sie in Ihrem Selbstbewusstsein und reprogrammieren Ihre Glaubenssätze. Sagen Sie Ihre selbstbestätigenden Affirmationen jeden Tag laut auf. Sorgen Sie durch permanente Wiederholungen dafür, dass die Affirmationen in Ihr Unterbewusstsein dringen – und die Blockaden lösen sich wie von selbst. Beispiele für Affirmationen sind:
  - ✓ *„Ich bin selbstbewusst und positiv."*
  - ✓ *„Ich glaube an meine Talente und Fähigkeiten."*
  - ✓ *„Ich erreiche meine Wünsche und Ziele mit Leichtigkeit."*
- **Hilfe:** Sollten Sie sich dennoch in Ihren Blockaden verfangen, so suchen Sie sich professionelle Hilfe. Mit einem Kreativitätscoach oder Potenzialentfalter an Ihrer Seite spüren Sie die Ursachen für Ihre Blockaden auf, um dann umso entspannter an der Fortsetzung Ihres Buchs zu arbeiten.

9.2 Autoreninterview mit Boris Thomas

Stets getrieben von der Suche nach der Antwort auf die Frage, was die Menschen und die Welt im Innersten antreibt, interessierte sich Boris Thomas schon früh für asiatische Philosophie von Laotse bis zur Bhagawadgita. Selbst politische Denker der Anarchie wie Bakunin oder die spirituelle Literatur von Osho und anderen Zen-Meistern wurden ab frühester Jugend zu seinen stetigen Begleitern. Als Geschäftsleiter der Firma *„Lattoflex"* konnte der gelernte Wirtschaftsingenieur dieses Wissen erfolgreich in das Familienunternehmen integrieren und die Marke somit zum führenden Unternehmen auf dem Segment des Bettenmarktes machen. Seine geballte Führungserfahrung konnte Thomas später mithilfe von lebhaften und praxisnahen Vorträgen direkt in den Kopf, vor allem aber in die Herzen seiner Zuhörer bringen. Mit seinem Buch *„Fang nie an aufzuhören – das Mindset für Manager und Macher"* ist ihm ein Plädoyer für das Leben unserer Träume und den richtigen Umgang mit unserer Angst vor dem Scheitern gelungen. **www.boristhomas.de**

***„Krise ist auch nur ein Mensch"*, lautet das Credo Ihres ersten Buchs *„Fang nie an aufzuhören"*. Wie ist diese Aussage zu verstehen?**

Ich glaube, wir leben in einer Zeit, in der wir zunehmend zu *„Erfolgsjunkies"* werden. Wir versuchen alles, um krampfhaft die Niederlage, den Fehlschlag und die Krise aus unserem Leben zu eliminieren. Dabei übersehen wir, dass Krise ein extrem wichtiger Bestandteil unserer Entwicklung ist. Ohne Krise werden wir uns kaum aus unserer Komfortzone herausbewegen. Die Krise ist für mich ein wertvoller Bestandteil des Lebens. Wir können sie nicht verhindern, denn wir haben nicht alles unter Kontrolle. Und das ist für mich die wahre Bedeutung dieses Credos.

Manche Krisen verursachen wir selbst: Schreibblockaden zum Beispiel. Sie entstehen und existieren nur in unserem Kopf. Wie können Sie sich dieses Phänomen erklären?

Das Problem unseres Lebens ist nicht, dass wir Gedanken im Kopf haben – sondern dass wir diesen Gedanken bedingungslosen Glauben schenken. Ängste zum Beispiel sind immer und ohne Ausnahme nichts weiter als Illusionen und Annahmen über die Wirklichkeit. Ob diese Annahmen tatsächlich wahr werden, wissen wir nicht. Und je mehr wir unsere Gedanken verinnerlichen, desto stärker und *"echter"* werden sie für uns. Bei einer Schreibblockade beispielsweise sitzen nach meiner Beobachtung sehr oft tiefe Ängste in uns. Und diese lassen sich zurückführen auf unsere Urangst: Wir werden nicht geliebt und wir sind nicht genug. Gerade beim Schreiben eines Buchs, wo ich ja ein Stück weit meine Seele offenlege, ist es leicht, in diese Angstfallen zu tappen. *"Was werden die Menschen dazu sagen?", "Ist das, was ich schreibe, überhaupt genug?", "Werden Sie mich auslachen?", "Niemand will mein Buch lesen!"* – All das führt in unserem Gehirn dazu, dass wir uns in unseren Ängsten verfangen, wie gelähmt sind und uns dadurch selbst blockieren.

Krisenbewältigung ist Ihr starkes Kernthema. Ihr Ansatz, aus Hürden nicht nur lernen, sondern auch an ihnen wachsen zu können, macht Mut. Was kann man von einer Schreibblockade lernen?

Mein Buch heißt ja: *"Fang nie an aufzuhören."* Und das Kernelement, welches wir aus einer Schreibblockade lernen können – und zwar jedes Mal neu – ist, dass der beste Weg, aus einer Krise zu kommen, immer der ist, auf keinen Fall stehenzubleiben. Wenn man mit Menschen spricht, die mal so etwas wie eine Schreibblockade hatten, so haben sie rückblickend immer gesagt, dass sie an irgendeinem Tag entschieden haben: *„Jetzt schreibe ich einfach weiter!"* Man geht den nächsten Schritt.

Und macht sich keinen Kopf über das, was noch kommen wird. Einfach einen Satz nach dem anderen schreiben. Und das gilt für alle Krisen in unserem Leben. Sobald wir stehenbleiben, verlängern wir die Qual. Es geht darum, immer weiterzugehen. Satz für Satz.

Waren Sie selbst schon einmal von einer Schreibblockade betroffen?

Zum Glück noch nicht zu direkt. Was ich jedoch kenne, ist das Zweifeln im Kopf, ob das, was ich hier schreibe, wirklich lesenswert ist, ob nicht andere Menschen mich auslachen werden, wenn ich es veröffentliche, und dass es mich dann manchmal davon abhält, einen Blogbeitrag zu veröffentlichen. Jedoch erinnere ich mich jedes Mal daran, dass dies lediglich meine eigenen Gedankenkonstrukte sind, und versuche mich auf den nächsten möglichen Schritt zu konzentrieren. Und das ist bei einem Blogartikel ganz simpel: Ich lade den Artikel hoch und stelle ihn online.

Wie können Selbstzweifel im Schreibprozess überwunden werden?

Diese Frage ist fast symptomatisch für den Kern einer jeden Krise. Ich habe darüber in meinem Buch in dem Kapitel *„Vertrauen"* sehr ausführlich geschrieben. Jede Krise, eben auch eine Schreibblockade, nagt an unserem Selbstbewusstsein. Wir vertrauen uns nicht mehr selbst. Und für mich ist der sicherste Weg hinaus immer der, einen einzigen Schritt zu gehen. Auf keinen Fall in der Erstarrung festzuhalten. Sich immer wieder bewusst zu machen: Das sind nur Gedanken und nicht die Realität. Deshalb fasse ich das Ganze immer so zusammen: Angst ist eine Illusion über die Zukunft. Es ist nichts weiter als eine Illusion. Und bevor ich mir lange den Kopf darüber zerbreche, ist es am einfachsten, einen konkreten Schritt nach dem nächsten konkreten Schritt zu gehen. Und zwar unabhängig davon, wie klein dieser Schritt auch sein mag.

Wie steht es um die Motivation? Kann die Krise auch Antrieb oder Ansporn sein?

Ich glaube, das kommt ganz darauf an. Natürlich kann mich eine Krise motivieren. Dann sagt man sich: *„Jetzt erst recht!"* Es kann jedoch auch das Gegenteil passieren – wie wir bereits oben zum Thema Schreibblockaden besprochen haben. Danach erstarrt man und fühlt sich ohnmächtig den Herausforderungen gegenüber, die man vor sich sieht. Unterm Strich ist aber jede durchgestandene Krise ein großer Schritt für neues Wachstum. Und es gibt einfach keine Krise, aus der wir nicht irgendetwas hätten lernen können.

Der innere Kritiker hält uns gerne klein. Gibt es auch Situationen, in denen wir auf ihn hören sollten?

Natürlich könnte man sagen, dass unsere Angst und unsere Selbstzweifel uns beschützen wollen. Ich glaube das jedoch nicht. Sich selbst klein zu machen und an sich selbst zu zweifeln hat noch nie etwas Großes hervorgebracht.

Es bedeutet jedoch auch nicht, völlig naiv durch das Leben zu gehen. Also wenn ich beispielsweise mit einem Segelboot auf hohe See gehe, sind Schwimmwesten absolut Pflicht – auch wenn im Hafen jetzt noch die Sonne scheint.

Aber dies ist etwas anderes, als auf die inneren Stimmen zu hören, die uns klein machen und uns einreden wollen, wir wären es nicht wert und würden auf keinen Fall geliebt, so wie wir sind. Dies führt nur zu Gefühlen von Schuld und Elend.

In schwierigen Lebenssituationen ist oft auch die Wahrnehmung verzerrt. Woraus schöpfen wir Hoffnung, wenn wir in der Krise stecken?

Ich glaube, hier liegt der Wert der Erfahrung im Leben. Ich erinnere mich noch gut daran, wie ich als 17-Jähriger einmal mit meinen täglichen Problemen zu meiner Großmutter kam und diese weise alte Frau lächelnd sagte: *„Ach Junge, das wird schon wieder. Morgen ist ein neuer Tag. Irgendwie geht es immer weiter!"*

Ich wollte das damals nicht hören. Inzwischen höre ich mich allerdings dieselben Sätze zu Menschen sagen. Und das liegt daran, dass ich inzwischen einfach selbst die Erfahrung machen durfte, dass es irgendwie immer weitergeht. Jede Krise, die wir durchlebt haben, gibt uns neue Kraft für die nächste. Es ist dann nicht mehr ganz so dramatisch und wir können uns daran erinnern, dass wir bereits eine ähnliche Situation meistern konnten.

Welchen Rat können Sie als Potenzialentfalter Autoren und Neuautoren mit auf den Weg geben?

Ich glaube, der wichtigste Tipp – gerade wenn es um das Schreiben von Büchern geht, allerdings auch um andere Formen der Kunst – ist für mich immer: Fang an und mach es einfach! Du willst ein Buch schreiben? Sehr gut, dann setz dich heute Abend direkt an deinen Laptop und fang an zu tippen. Außerdem sollte man sich ins Bewusstsein rufen: Es ist leichter, aus einem ersten Rohmanuskript ein wirkliches Juwel herauszuarbeiten, als auf einem leeren, weißen Papier einen perfekten Text zu schreiben. Wenn wir darauf warten, den perfekten Satz und die perfekte Einleitung zu schreiben, wird unser Buch nie fertig. Also: Hinsetzen, schreiben, schreiben, und noch mal schreiben. Und das, was man dort geschrieben hat, kann man gerne weiter korrigieren. Jedoch ist der wichtigste Schritt immer: Fang an!

9.3 Praxistipp von Boris Thomas

Wie Sie Schreibblockaden vorbeugen: Praxistipp von Bestsellerautor, Speaker, Coach und Krisenbändiger Boris Thomas.

- Setze dich hin und schreibe auf ein Stück Papier drei konkrete Krisen, die du erfolgreich gemeistert und überstanden hast.
- Gehe in Gedanken diese drei Krisen durch und stelle die Frage: Was habe ich aus ihnen lernen dürfen?
- Lies mindestens zwei Biografien von berühmten Schriftstellern oder auch Erfindern und finde heraus, durch wie viele Krisen sie gehen mussten, bis sie letztendlich Erfolg hatten.
- Setze dich an deinen Laptop, öffne die Textverarbeitung und zwinge dich dazu, einfach loszuschreiben. Mach dir keine Gedanken, ob es für einen Außenstehenden irgendeinen Sinn macht. Fang an, die Gedanken, die du jetzt im Kopf hast, niederzuschreiben. Dann speichere dieses Dokument ab. Schlafe eine Nacht drüber. Öffne es am nächsten Morgen und beginne mit der Korrektur.

ÜBERARBEITEN

> „Große Werke vollbringt man nicht mit Kraft, sondern mit Ausdauer."
> Samuel Johnson

Wie gewissenhaft Sie geplant, wie genau Sie gearbeitet haben, erschließt sich im letzten Schritt der Buchentstehung: dem Überarbeiten. Unstimmigkeiten in Figuren, Persönlichkeitsstrukturen, Perspektiven, Handlungen, Szenen oder im Stil ergeben sich erst beim Gegenlesen des ersten Entwurfs. Wenn Sie nach dem Fahrplan aus diesem Buch gearbeitet haben, sind Sie sicher schnell vorangekommen. Denn wie wir im Kapitel über Motivation gelernt haben, beginnt die Feinarbeit am Werk erst am Ende.

Sie haben Ihr Buch geplant, geschrieben und zu einem Schluss gebracht – jetzt beginnt die Perfektionsarbeit. Bevor Sie sich mit unserem System aber ans Überarbeiten des Buchs machen, jenen Schritt, der von vielen Schriftstellern als der entscheidende betrachtet wird, ist es wichtig, dass Sie Abstand von Ihrem Werk gewinnen. Legen Sie eine Schaffenspause ein, bevor Sie mit dem Redigieren beginnen. Wenn Sie Ihr Werk verbessern wollen, ist es wichtig, es mit dem ungetrübten Auge eines Erstlesers zu betrachten. Dazu braucht es Distanz. Planen Sie also zunächst eine Beziehungspause von mindestens vier bis sechs Wochen, bevor Sie sich Ihrem Werk wieder annähern. Auch bekannte Schriftsteller wie Stephen King oder Haruki Murakami setzen vorm Redigieren auf Rückzug. Schaffensphasen können anstrengend und auszehrend sein. Füllen Sie also Ihre Ressourcen wieder auf, bevor es an die, wie John Irving meint, eigentliche Arbeit geht. Nur wer sich zurückzieht, kann nachher wieder ambitioniert Anlauf nehmen.

10.1 Von innen nach außen

Das Überarbeiten folgt, wie auch das Plotten, einer formalen Logik. Während Sie sich zunächst dem inneren Kern Ihrer Geschichte zuwenden, geht es im nächsten Schritt darum, die äußere Schale aufzupolieren. Stellen Sie sich von Beginn an darauf ein, dass Sie Ihr Werk mehrere Male überarbeiten werden müssen. Das ist nicht etwa ein Zeichen von mangelnder Qualität, ganz im Gegenteil: Erst durchs Lektorieren wird das Manuskript zum Meisterwerk. Folgende Ebenen und Subebenen müssen beim Überarbeiten berücksichtigt werden:

Innen:

- Figuren & Dialoge
- Plot & Perspektive
- Sprache & Stil
- Zielgruppenkonformität

Außen:

- Orthographie
- Grammatik
- Formatierung

Zwar werden Sie im ersten Schritt alle Ebenen autonom bewältigen. Für die Finalisierung Ihres Werks empfiehlt sich allerdings die Zusammenarbeit mit einem Lektor. Ein Lektor macht Sie nicht nur auf inhaltliche und strukturelle Schwächen aufmerksam, sondern kann aufgrund seiner Erfahrung auch konstruktive Lösungsvorschläge einbringen. Der diskursive Prozess mit einem Lektor ist einer der klaren Vorzüge eines (Dienstleistungs-)Verlags. Bei der Vielzahl an

Büchern, die jedes Jahr erscheinen, ist die Toleranzschwelle des Publikums niedrig, wenn es um Mängel in Inhalt oder Sprache geht. Um die bestmögliche Version Ihres Buchs zu präsentieren, sollten Sie also in diesem letzten Bearbeitungsschritt auf Fachkompetenz vertrauen und auch andere Perspektiven zulassen.

10.1.1 Inhaltliche Überarbeitung

Bevor Sie sich, nachdem Sie den nötigen Abstand gewonnen haben, an die inhaltliche Feinpolitur Ihres Buchs machen, sollten Sie sich entsprechend vorbereiten. Drucken Sie zunächst Ihre vollständige Arbeit aus. Es kann schnell ermüdend werden, ein ganzes Buch am Bildschirm zu lesen. Parallel zum Ausdruck lassen Sie aber Ihr Schreibprogramm geöffnet. Die Suche vereinzelter Textstellen erweist sich mit den entsprechenden Funktionen von Schreibsoftwares als wesentlich unkomplizierter. Je nach Präferenz können Sie auch das gesamte Lektorat am Laptop vornehmen. Vereinzelte Schreibprogramme, zum Beispiel Papyrus, bieten sogar spezielle Funktionen wie Stil- oder Lesbarkeitsanalysen an. Nutzen Sie alle Funktionen, die die Digitalisierung bietet. Auch künstliche Intelligenz kann ein wertvoller Sparringpartner fürs Überarbeiten sein.

Legen Sie sich anschließend Schreibutensilien, Textmarker und Post-its in verschiedenen Farben zurecht. Das ist nötig, um jeder einzelnen Textebene eine eigene Farbkategorie zuweisen zu können. Wenn Sie zum Überarbeiten Ihrer Figuren den Grünstift ansetzen, so setzen Sie bei den Dialogen eben auf Gelb. So können Sie Ihre Gedanken sortieren und zu jedem Zeitpunkt zu unstimmigen Stellen zurückkehren. Manchmal schlägt beim Gegenlesen die Stimme der Intuition aus, ohne dass man die verursachende Fehlerquelle konkret benennen oder erkennen könnte. In so einem Fall markieren Sie die Stelle in der entsprechenden Farbkategorie und kehren später dorthin zurück, um nach einer Lösung zu suchen.

Auch Sylvia Englert empfiehlt in ihrem Buch *„So lektorieren Sie Ihre Texte. Verbessern durch Überarbeiten"* eine breite Farbpalette fürs Markieren und Kommentieren. Rot ausgenommen – der Rotstift weckt angeblich negative Assoziationen aus der Schulzeit. Wichtig ist aber, dass Sie das Überarbeiten als positiven Prozess wahrnehmen. Das Nachjustieren am Text ist eine Chance, keine Bürde. Versorgen Sie sich also mit dem gesamten Farbspektrum an Stiften, das Sie aufbieten können, und machen Sie sich mit Neugier an die Arbeit.

1. Figuren

Beim Perfektionieren Ihrer Figuren üben Sie sich in verschiedenen Disziplinen: Sie sind Verhaltensforscher, Psychologe und Plastischer Chirurg. Ob ein Eingreifen notwendig wird oder nicht, ergibt sich aus dem Abgleich von Protagonisten und Charakterbogen. Zunächst überprüfen Sie, ob alle Figuren die Stilvorgaben erfüllen, die wir im Kapitel über die Entwicklung authentischer Figuren angeführt haben:

- ✓ **Charaktermodell:** Welchem Typus entspricht Ihre Figur? Sind die Konturen scharf genug gezeichnet? Entspricht die Figur einem schalen Klischee?
- ✓ **Aussehen:** Können sich Ihre Leser ein Bild von Ihrer Figur machen? Haben Sie sie kenntlich gemacht oder ist sie ein Phantom? Stimmen die Details vom Anfang noch mit jenem vom Ende überein?
- ✓ **Authentizität:** Handelt Ihre Figur immer ihrem Charakter entsprechend? Wirkt ihr Verhalten an manchen Stellen unpassend? Ist die Figur natürlich oder ein Übermensch?

- ✓ **Beziehungen:** Handeln Ihre Figuren in Bezug aufeinander? Wie entwickeln sich die Beziehungen zwischen Ihren Figuren? Haben Sie Randfiguren vernachlässigt oder vielleicht vergessen? Kommt die Intensität der Beziehung in allen Szenen stark genug zum Ausdruck?
- ✓ **Dreidimensionalität:** Ist Ihre Figur dreidimensional? Hat sie genug Tiefe? Haben Sie alle Ebenen, die körperliche, die seelisch-geistige und die soziale, gründlich genug herausgearbeitet?
- ✓ **Nachvollziehbarkeit:** Hat Ihre Figur ein starkes Handlungsmotiv? Handelt sie überlegt oder unwillkürlich? Ist jeder Schritt nachvollziehbar?
- ✓ **Konflikte:** Gibt es Konflikte in und zwischen Ihren Figuren? Wurden alle Konflikte erklärt? Ist die Auflösung vorhersehbar?
- ✓ **Entwicklung:** Hat sich Ihre Figur im Laufe der Handlung entwickelt oder tritt sie auf der Stelle? Sind die Entwicklungsfortschritte klar erkennbar oder zu abstrakt?
- ✓ **Ziele:** Wurden die Ziele implizit definiert? Bewegt sich die Figur immer auf ihr Ziel zu? Wurden auch Zwischenziele eingebaut?
- ✓ **Namen:** Passt der Name zur Figur? Wird der Name immer richtig geschrieben? Gibt es Kosenamen, die in den Dialogen vielleicht zu kurz kommen? Sylvia Englert empfiehlt, die Namen laut auszusprechen, um zu überprüfen, ob sie stimmig sind. Sind die Namen zu kompliziert für den Leser? Die richtige Aussprache von Fantasienamen können Sie zum Beispiel in einem kurzen Dialog, in dem sich die Figur vorstellt, klären. Beispiel: „Nein, man betont das *I*, nicht das *E*. Also Mel*i*a, nicht M*e*lia."

Wenn Sie lichte Stellen entdecken, so ergänzen Sie einfach weitere Szenen. Verdichten Sie, wo es noch an Tiefe fehlt, und kürzen Sie Wiederholungen und Unwesentliches – selbst wenn es schwerfällt. Eine Szene reicht, um das Faible Ihrer Figur für Kühlschrankmagneten zu veranschaulichen. Streichen Sie die restlichen drei.

2. Dialoge

Erinnern Sie sich noch an die Faustregeln aus Kapitel 6.4.1? Dialoge müssen Sie grundsätzlich kürzen, wenn keine der folgenden Funktionen erfüllt ist:

- ✓ Beschreibung und Präzisierung der Persönlichkeit
- ✓ Bewegen und Vorwärtstreiben von Handlung
- ✓ Vermittlung von Sprache, Tonalität und Ausdruck
- ✓ Festhalten von Stimmung, Zeit und Ort
- ✓ Erzeugen von Spannung

Ein Dialog zum reinen Selbstzweck wird den Leser langweilen. Gleichzeitig sollten Sie langatmige, zähe Textabschnitte auch auf ihre Dialogdichte hin überprüfen. Der Text gewinnt an Bewegung und Lebendigkeit, wenn Sie Beschreibungen durch Dialoge ersetzen. Auch die Länge von Dialogen und Monologen sollte mit Bedacht gewählt sein. Nicht jeder Ihrer Leser hört ihre Figuren so gerne reden wie Sie. Einsilbige Dialoge sind – wie im echten Leben – schlichtweg langweilig. Verwerfen Sie alle Gespräche, die Ihre Handlung nicht weiterbringen. Ihre Leser werden es Ihnen danken, indem sie weiterlesen.

3. Plot

Hält Ihr Plot einer Prüfung stand? Am Anfang Ihres Werks hatten Sie eine konkrete Fragestellung, ein Leitthema, im Kopf. Das Grundmotiv ist der Sinnstifter eines literarischen Werks, von ihm lassen sich alle Handlungsstränge ableiten. Um zu überprüfen, ob Ihre Idee noch mit dem Ergebnis übereinstimmt, versuchen Sie, Ihre Erstfassung in einem Satz zusammenzufassen. Passt Sie noch mit dem Resultat zusammen? Haben Sie Ihr Thema stark genug schraffiert?

Um sicherzustellen, dass Ihre Botschaft plastisch genug ist, sollten Sie auch Ihre Testleser in diese Prozessebene miteinbeziehen. Stellen Sie die direkte Frage: *„Worum geht es in dem Buch?"* Aus der Antwort werden Sie schnell herauslesen können, ob noch ein Nachschärfen nötig ist oder nicht.

Sofern der Transport Ihres Themas sichergestellt ist, sollten Sie sich der Dramaturgie Ihres Werks zuwenden. Wie Sie wissen, erfüllt jede Texteinheit – Anfang, Hauptteil, Schluss – elementare Aufgaben. Ob die Umsetzung gelungen ist, erschließt sich nur aus dem Abgleich mit Ihren ursprünglichen Plänen.

Anfang

Fassen Sie Ihren Anfang noch einmal genau ins Auge: Gefällt er Ihnen nach wie vor? Jetzt, wo Sie den Schluss geschrieben haben, fällt es Ihnen vielleicht leichter, einen Anfang zu verfassen, der schon einen ersten Hinweis auf den Inhalt enthält. Folgende Schlüsselfragen sollten Sie sich außerdem stellen:

- ✓ Harmonieren Anfang und Ende?
- ✓ Gelingt es Ihnen, Ihre Leser in den ersten fünf Seiten für sich zu gewinnen?
- ✓ Werden alle wichtigen Protagonisten am Anfang vorgestellt?
- ✓ Schaffen Sie räumliche Orientierung für Ihre Leser? Stellen Sie die Standardschauplätze vor?
- ✓ Zeichnet sich ein Konflikt ab? Achten Sie darauf, dass Sie schon den Anfang mit der Spannung eines Konflikts aufladen. Andernfalls verlieren Sie Ihre Leser.
- ✓ Wurde ein erster Wendepunkt eingeleitet? Funktionieren die Kapitelübergänge? Regen sie zum Weiterlesen an? Lassen sie Fragen offen?

Hauptteil

Zum Überarbeiten des Hauptteils sollten Sie auch die Meinung eines Außenstehenden, im Idealfall eines Verlagslektors, einholen. Ob Ihr Roman Spannung erzeugt oder nicht, können Sie womöglich nicht objektiv beurteilen. Wenn Sie sich aber an ein Plotmodell wie das Fünf-Akt-Modell oder das Sieben-Punkte-System gehalten haben, sollte ein vielschichtiges Werk mit Suchtpotenzial entstanden sein. Der Textaufbau muss durchwegs Spannung und Sinn erzeugen. Hinterfragen Sie den Hauptteil auf folgenden Ebenen:

- ✓ Wurden Höhe-, Wende- und Tiefpunkte berücksichtigt?
- ✓ Gibt es Parallelhandlungen?
- ✓ Gibt es Textabschnitte, die sich langatmig lesen? Wenn dies der Fall ist, versuchen Sie entweder zu kürzen oder das Kapitel aufzubrechen, indem Sie ein stimmiges Zwischenkapitel einfügen.
- ✓ Ist die Geschwindigkeit dem jeweiligen Kapitel angemessen? Haben Sie für Höhe- und Wendepunkte kurze Sätze verwendet?
- ✓ Gibt es zu viel Leerlauf im Text? Welche Informationen sind für die Handlung oder Charakterbildung überflüssig? Streichen Sie diese Stellen, löschen Sie sie aber nicht. Sie können Sie in einem Zwischenordner speichern, sollte später doch noch Materialbedarf bestehen.

Schluss

Der Schluss findet eine Lösung für den Konflikt. Diese Regel muss, auch bei einem offenen Ende, immer berücksichtigt werden. Erst dann widmen Sie sich den weiteren Voraussetzungen für ein gelungenes Ende:

- ✓ Harmonieren Anfang und Ende?
- ✓ Welches Gefühl erzeugt der Schluss? Entspricht der letzte Eindruck Ihren Erwartungen?
- ✓ Erzeugt der Schluss Nachwirkung? Vermeiden Sie ein nachlässiges Ende und entlassen Sie Ihren Leser mit einem Gefühl oder einem Gedanken, dem es nachzugehen gilt!
- ✓ Haben Sie Ihrem Publikum Gelegenheit gegeben, sich von allen Protagonisten zu verabschieden? Wenn nicht, helfen Sie sich mit einem Epilog. Gewähren Sie der Handlung einen langsamen, allmählichen Ausklang – übertreiben Sie es aber auch nicht!

4. Perspektive

„Es ist eine Höllenarbeit, nachträglich im ganzen Manuskript die Perspektive zu ändern", warnt Sylvia Englert in ihrem Buch *„So lektorieren Sie Ihre Texte. Verbessern durch Überarbeiten".* Wie wichtig die Wahl der richtigen Perspektive ist, zeigt sich an diesem Zitat. Wenn am Ende eines Buchs das Gefühl entsteht, dass der Charakter der Hauptfigur nicht deutlich genug zur Geltung kommt, dann ist wahrscheinlich die falsche Perspektive die Ursache. Ein Wechsel von der dritten auf die erste Person ist mit einem enormen Arbeitsaufwand verbunden, kann Ihrem Buch aber die notwendige Tiefe verleihen. Es wäre schade, wenn ein Meisterwerk allein an der Wahl der Perspektive scheitert. Vielleicht ist Ihr Buch aber zu einseitig, weil es keinen anderen Blickwinkel als den des Hauptprotagonisten zulässt. In diesem Fall können Sie sich mit der Multiperspektive behelfen: Fügen Sie nachträglich noch ein Kapitel aus dem Blickwinkel eines zweiten Protagonisten ein. Das schafft Verständnis für Figuren, die undurchsichtig erscheinen und dadurch vielleicht missverstanden werden.

5. Sprache & Stil

Der letzte Feinschliff erfolgt an Stil und Sprache. Restaurieren Sie Ihren Text mit den Werkzeugen, die wir Ihnen in Kapitel 5 vorgestellt haben. Markieren Sie alle Stellen, die Ihnen missfallen – auch wenn Sie noch nicht sagen können, warum. Im nächsten Schritt feilen Sie an den Sätzen und Wörtern, die Ihnen noch zu schroff erscheinen. Diese Instrumente stehen Ihnen für Ihre letzte Perfektionsübung zur Verfügung:

- ✓ **Aktiv und Passiv:** Haben Sie dem Aktiv den Vorzug gegeben? Versuchen Sie, so viele Passivsätze wie möglich zu rekonstruieren und ersetzen Sie Beschreibungen durch Handlungen. Beispiel: *„Er wurde wütend"* wird zu *„Er schrie", „Er trat gegen die Tür"* oder *„Er schleuderte das Fotoalbum an die Wand"*.
- ✓ **Genre und Szenen:** Passt Ihre Sprache zum gewählten Genre? Haben Sie sich zu sachlich oder zu poetisch ausgedrückt? Sind die gewählten Vokabeln alterskonform? Sind die Wörter noch zeitgemäß? Wie viele Fremdwörter haben Sie verwendet? Versuchen Sie, antiquierte Wörter gegen lebendigere auszutauschen.
- ✓ **Nominal und verbal:** Liest sich Ihr Buch wie ein Bericht oder haben Sie durch den bewussten Einsatz von Verben Spannung erzeugt?
- ✓ **Sprachmuster und Sprachcodes:** Ersetzen Sie verbrauchte Redewendungen durch einfallsreiche Alternativen. Statt *„Ihm schlug das Herz bis zum Hals"* könnten Sie zum Beispiel schreiben: *„Plötzlich beanspruchte sein Herz den Raum in seiner Brust und drückte gegen Lunge und Kehlkopf."*
- ✓ **Kürzen und Komplexität:** Sind Ihre Satzkonstrukte zu kompliziert? Ist die Satzlänge dem jeweiligen Geschehen angemessen? Am Höhepunkt der Auseinandersetzung zwischen zwei

Protagonisten lähmt ein Satz wie *„Sie griff in ihre Hosentasche, wo sie die glatte Oberfläche des Taschenmessers, das sie seit ihrem zwölften Geburtstag hatte, fühlte, packte es und bewegte sich gewandten Schrittes auf den Unbekannten, der überrascht zu sein schien, zu"* die Handlung. Schreiben Sie stattdessen: *„Sie packte ihr altes Taschenmesser und setzte – zur Überraschung des Unbekannten – zu einem Gegenangriff an."*

- ✓ **Rhythmus und Reihenfolge:** Kontrollieren Sie Satzbau und Satzstellung. Wie oft beginnen Sie Ihre Sätze mit dem gleichen Wort? Haben Sie das Erzähltempo den Vorgängen in Ihrem Kapitel angepasst? Lesen Sie Textstellen, deren Takt nicht richtig klingt, laut vor. Mit ein bisschen Gespür erzeugen Sie schon durch die Wortstellung im Satz die richtige Klangfarbe.
- ✓ **Farben und Bilder?** Haben Sie Vergleiche verwendet, um Bilder in den Köpfen Ihres Publikums zu malen? Gibt es Sätze, deren Ausdruckskraft noch nicht an ihre Kernaussage heranreicht? Versuchen Sie, sie mit rhetorischen Stilmitteln hervorzuheben!

Auch alle Wiederholungen oder Füllwörter sollten Sie rigoros streichen. Löschen Sie konsequent, was nicht gebraucht wird. Dadurch wird Ihr Text greif- und fühlbarer für Ihr Publikum.

10.1.2 Formale Überarbeitung

Nach dem ersten Durchlauf liegt Ihnen ein Werk mit authentischen, echten Figuren vor, mit denen Ihre Leser sich identifizieren können. Ihre Handlung ist an einem straff gespannten roten Faden aufgezogen. Mängel in Ausdruck und Stil wurden behoben, und Textstellen, die ihnen besonders wichtig sind, betont. Nun bringen Sie Ihr Buch noch in Form und gestalten auch seine äußere Ästhetik. Folgende Überarbeitungsebenen bieten sich an:

- ✓ **Absätze und Seitenzahlen:** Kennzeichnen Sie Ihr Werk mit Seitenzahlen in der Fußzeile, das macht das Korrigieren nicht nur für Sie selbst, sondern auch für Ihre Testleser bzw. Lektoren einfacher. Berücksichtigen Sie unbedingt auch die Absatzregeln. Absätze kennzeichnen Sie mit einem Texteinzug nach rechts, die entsprechende Einstellung können Sie in gängigen Schreibprogrammen vorab vornehmen. Absätze setzen Sie bei
  - einem neuen Gedanken
  - einem Personenwechsel
  - einem Ortswechsel
  - einem Szenen- oder Kapitelwechsel
  - Dialogen zur Kennzeichnung des Sprechers.
- ✓ **Orthographie und Grammatik:** Nutzen Sie das Rechtschreib- und Grammatikprogramm der Software, mit der Sie arbeiten. Liest man einen Text zu oft, wird man blind für seine Fehler. Achten Sie besonders auf Ihre individuellen Schwächen und Anfälligkeiten, um ein Überlesen der Fehler zu vermeiden. Wenn Sie mit einem Korrektorat zusammenarbeiten, können Sie Ihr Werk aber ruhigen Gewissens aus der Hand geben. Beim Korrigieren durch professionelle Hand versiegen auch die letzten Fehlerquellen.
- ✓ **Satzzeichen:** Viel Fehlerpotenzial bergen auch Satzzeichen wie Beistriche oder Anführungszeichen. Unter den Anführungszeichen sind neben den deutschen („…") auch die französischen (»…«) sehr beliebt. Streng genommen handelt es sich bei den Guillemets, wie wir sie aus deutschen Büchern kennen, aber um verkehrte französische Satzzeichen. Im Original sind die Spitzen der Guillemets nämlich nach außen gerichtet («…»), während sie im deutschen Sprachraum nach innen zeigen (»…«). Die Guillemets oder Möwchen, wie sie auch manchmal genannt werden, sind übrigens Ergebnis einer jeweils eigenen Tastenkombination am Computer. Haben Sie eine direkte Rede in eine direkte Rede eingebaut, müssen Sie auch das kenntlich machen. Hierfür verwenden Sie

entweder nur ein Guillemet (›...‹) oder schreiben den Text kursiv. Vergessen Sie auch nicht die Kenntlichmachung von Gedanken, damit auch diese klar vom Lauftext unterschieden werden können.
- ✓ **Schreibweise:** Vereinheitlichen Sie die Schreibweise von einzelnen Wörtern. Wenn Sie einmal *„Fotografie"* statt *„Photographie"* schreiben, dann bleiben Sie auch dabei.

10.1.3 Juristische Überarbeitung

Zuletzt sollten Sie auch noch einigen relevanten rechtlichen Fragestellungen Ihre Aufmerksamkeit widmen. Nichts trübt die Freude am publizierten Werk so sehr wie eine Unterlassungsklage. Überprüfen Sie genau, ob Sie unwissentlich fremde Rechte verletzt haben. Dieser Überblick hilft Ihnen bei der Klärung rechtlicher Unsicherheiten:

- ✓ **Urheberrecht:** Das Urheberrecht schützt die schöpferische Leistung als geistiges Eigentum. Die schöpferische Leistung zeichnet sich durch den Grad der sogenannten „Schöpfungshöhe" aus. Die Schöpfungshöhe eines Werks richtet sich nach dem Maß einzigartiger, eigenständiger und als solche klar erkennbarer Gedankengänge. Wenn Sie in Ihrem eigenen Werk Fremdwerke verarbeiten, müssen Sie das kenntlich machen. Die Schöpfungshöhe schützt auch kurze Texte, zum Beispiel Gedichte mit nur wenigen Versen oder aussagekräftige Aphorismen. Sobald Sie also das Werk anderer Autoren in Ihrem Buch platzieren, ist ein konkreter Verweis auf den Urheber erforderlich. Überschreitet die Textlänge außerdem das Ausmaß von ein paar Zeilen, so ist vor dem Druck die ausdrückliche Erlaubnis des Urhebers einzuholen. Geschützt sind überdies Werke, nicht Ideen. Die Idee muss also eine konkrete Form angenommen haben, damit sie vom Urheberrecht geschützt wird. Das Urheberrecht beginnt automatisch, sobald ein Werk besteht. Das Recht endet 70 Jahre nach dem Tod des Urhebers. Danach gilt das Werk als gemeinfrei und kann ohne Zustimmung genutzt werden. Wichtig ist, auch in Anbetracht des Zeitalters künstlicher Intelligenz, dass nur natürliche Personen Urheber sein können. Auch können mehrere Menschen zusammen das Urheberrecht an einem kollektiven Werk teilen. Der Beitrag von Lektoren genügt jedoch in aller Regel nicht, um für sie ein Urheberrecht zu begründen. Vermeiden Sie Nachlässigkeit, wenn Unklarheit in einer Urheberrechtsfrage besteht. Eine Urheberrechtsverletzung kann sowohl zivilrechtliche als auch strafrechtliche Konsequenzen nach sich ziehen. Schadensersatzansprüche und Geldstrafen können sehr schnell sehr teuer werden.

✓ **Persönlichkeitsrecht:** Autoren müssen nicht nur das Urheberrecht, sondern auch noch andere Persönlichkeitsrechte im Blick behalten. Beleidigungen, Verleumdungen oder Falschdarstellungen von Personen sind strafrechtlich verboten. Aber auch das weitergehende Recht auf Selbstdarstellung und Privatsphäre will als Persönlichkeitsrecht gewahrt werden. Zivilrechtlich haben Verletzungen des Persönlichkeitsrechts Unterlassungs- und Schadenersatzansprüche zur Folge. Relevant sind Persönlichkeitsrechte vor allem für Texte, in denen reale Personen vorkommen. Die Veröffentlichung privater Sachverhalte oder Informationen ist strikt zu unterlassen. Sofern das Persönlichkeitsrecht verletzt wird, findet eine Abwägung gegen andere wichtige Prinzipien, allen voran die Meinungsfreiheit, statt. Personen des öffentlichen Lebens, etwa Politiker, müssen hier toleranter sein als durchschnittliche Bürger; bloße Schmähkritik ist aber auch hier nicht zulässig. Vorsichtig müssen Sie auch sein, wenn Sie Personen zur Vorlage wählen, die nicht mehr leben. Das deutsche Recht etwa kennt einen gewissen Schutz der Ehre und Würde auch nach dem Tod der betroffenen Person. Von dem Persönlichkeitsrecht sind nicht nur Biografen und Sachbuchautoren betroffen. Auch fiktionale Texte können unter Umständen Persönlichkeitsrechte verletzen, wenn einzelne Figuren klar als Porträts realer Vorbilder zu erkennen sind. Dann findet eine Abwägung mit der Kunstfreiheit statt.

- ✓ **Verwertungsrechte:** In Deutschland und Österreich kann das Urheberrecht selbst nur geerbt, sonst aber nicht übertragen werden. Es verbleibt lebenslang bei der Person, die das Werk geschaffen hat. Dazu gehört insbesondere das Recht, als Autor genannt zu werden. Anders verhält es sich mit dem Recht, das Werk zu nutzen und zu verwerten. Zunächst steht dieses Recht allein dem Urheber zu. Es kann jedoch vertraglich übertragen werden. In der schriftstellerischen Praxis geschieht dies meist durch einen Verlagsvertrag oder Autorenvertrag. Beim Verwertungsrecht geht es primär um das Drucken und Veröffentlichen des Buchs, aber auch um weitere Aspekte wie das Recht, ein Werk zu übersetzen, zu verfilmen oder Merchandise zu verkaufen. Es lohnt sich also, je nach Art der Nutzung, ein prüfendes Auge auf den Sachverhalt zu werfen.

10.1.4 *Normseite und Exposé*

Die sogenannte Normseite beschreibt die Formvorschriften für ein Manuskript, das einem (Dienstleistungs-)Verlag oder, im Falle von Self-Publishing, einem freiberuflichen Lektor vorgelegt wird. Lektoren und Korrektoren, die Autoren ihre Serviceleistungen anbieten, kalkulieren ihre Preise zumeist auf Basis der sogenannten Normseite. Und auch Verlagslektoren schätzen Genauigkeit beim Formatieren. Und so sorgen Sie für die optimale Lesbarkeit Ihres Werks:

- **Format:** DIN A4
- **Zeilenabstand:** 1,5
- **Schrift:** Courier New, Arial, Times New Roman
- **Schriftgröße:** 12 pt
- **Randabstand:** von oben: 3,5 cm; von unten: 4 cm; von rechts: 4,8 cm; von links: 4 cm;
- **Absatz:** Einzug von links nach rechts ca. 0,3 cm
- **Schriftbild:** Flattersatz, linksbündig
- **Kopfzeile:** Name des Autors und Arbeitstitel
- **Fußzeile:** Seitenzahl
- **Zeichenmenge:** 30 Zeilen zu jeweils 60 Anschlägen (insgesamt 1.500 bis 1.800 Zeichen pro Seite inkl. Leerzeichen)
- **Worttrennungen:** Keine, die automatische Worttrennung sollte in Ihrem Schreibprogramm deaktiviert sein.

Wenn Sie noch auf der Suche nach einem Verlag sind, so verfassen Sie auch ein Exposé im Umfang von maximal drei Seiten. Autoren, die sich beim Plotten an der Schneeflocken-Methode orientiert haben, werden sogar schon über ein wesentlich umfangreicheres Exposé verfügen. Sylvia Englert empfiehlt aber eine kompakte Dimension von drei Seiten, die sich aufs Wesentliche konzentriert und den Lektor mit ihrer Dichte nicht gleich erschlägt.

10.2 Exkurs Nonfiction

Bei der Überarbeitung eines Sachbuchs müssen Sie zusätzliche Fragestellungen berücksichtigen, die den Erfolg Ihres Buchs wesentlich mitbestimmen können.

10.2.1 Inhaltliche Ebene

Für die Überprüfung Ihrer inhaltlichen Zielvorgaben sollten Sie Ihr Werk noch einmal überblicksartig betrachten:

- ✓ Wurde das Thema stark genug herausgearbeitet?
- ✓ Ist der Konflikt bzw. die Bedrohung spürbar?
- ✓ Kommt Ihr Standpunkt klar zum Ausdruck?
- ✓ Sind Ihre Titel und Zwischentitel stark genug?
- ✓ Haben Sie ausreichend Belege und Beweise für Ihre Behauptungen geliefert?
- ✓ Welche neuen Strategien und Lösungen bieten Sie an?
- ✓ Wurden die wichtigsten Fragen der Zielgruppe beantwortet?
- ✓ Welchen USP (Unique Selling Point) birgt Ihr Buch im Vergleich zu anderen Sachbüchern auf ähnlichem Gebiet?

10.2.2 Formale Ebene

Orthographie, Grammatik, Satzbau und -stellung sind selbstverständlich auch im Sachbuch gründlich zu überarbeiten. Daneben gibt es aber auch Bereiche, die rechtliche Sphären berühren und daher besonders genau überprüft werden sollten:

- ✓ **Persönlichkeitsrecht:** Haben Sie von allen Personen, die in Ihrem Werk genannt und gezeigt werden, die Zustimmung für eine Publikation eingeholt? Vergessen Sie nicht, dass Persönlichkeitsrechte auch noch nach dem Tod bestehen bleiben können. Ausgenommen sind Personen des öffentlichen Lebens.
- ✓ **Urheberrecht:** Haben Sie die Urheberrechte an Bildern und Abbildungen geklärt? Wurden Zitate als solche gekennzeichnet? Generell regelt und legitimiert das Zitatrecht den Rückgriff

und Verweis auf fremde Textpassagen. Das bedeutet aber nicht, dass Sie Texte unbegrenzt in Ihrem eigenen Werk weiterverarbeiten können. Wenn das Zitat mehr als eine Seite einnimmt, sollten Sie zur Sicherheit das Werknutzungsrecht beim Urheber einholen. Nur der Urheber kann die Werknutzungsrechte an seinem Bild veräußern. Darüber hinaus bleibt das Urheberrecht nach dem Tod, zumeist 70 Jahre ab Todestag, bestehen und geht für diese Zeitspanne auf die Erben über.

VERMARKTUNG

11

> „Viele kleine Dinge wurden durch die richtige Art von Werbung groß gemacht."
>
> Mark Twain

Wenn Sie mit Ihrem Buch nennenswerte Verkaufszahlen anstreben, werden Sie am Thema Vermarktung nicht vorbeikommen. Vor allem, wenn Sie keinen (Dienstleistungs-)Verlag haben, der Ihre Marketingaktivitäten unterstützt, sind profunde Kenntnisse im On- und Offlinemarketing entscheidend.

Das Schlüsselwort des modernen Marketings ist Sichtbarkeit. Ob im Ranking von Google, Amazon, Printmedien oder Buchhändlern – ohne Vermarktungsgeschick bleiben Sie unsichtbar. Fast jeder Markt ist mittlerweile gesättigt, daher müssen Sie auch am Buchmarkt um Aufmerksamkeit ringen. Glücklicherweise hat die Digitalisierung aber nicht nur eine Sintflut an Informationen, sondern auch an Möglichkeiten mit sich gebracht. Mit einem strategischen Mix aus Off- und Online-Marketing können Sie das Publikum von Ihrem Buch überzeugen.

In diesem Rahmen sei erwähnt, dass jedes Marketingfeld ein weites ist. Fast jeder Zweig, vom Werbeinserat in der Tageszeitung bis zur optimierten Anzeige auf Google, ist eine eigene Disziplin. Über Maßnahmen der klassischen PR wurden ebenso zahlreiche Abhandlungen und Ratgeber geschrieben wie über Social-Media-Campaigning. Für effektives Marketing empfiehlt sich daher auf jeden Fall eine Vertiefung in die Pflichtlektüre.

Ob ein Buch ein Bestseller wird, darüber entscheiden aber nicht nur Talent, Innovation, Originalität und Marketing, sondern sicher auch Kräfte, die sich unserem Wirken entziehen. Manchmal beschließt auch der Zeitgeist, der schlichte Zufall, ob ein Buch von der ganzen Welt oder nur von einer ihrer Teilmengen gelesen wird. Beschäftigen Sie sich vorm Schreiben also auch mit Trendforschung: Welche Themen beschäftigen die Menschen? Welche Probleme herrschen akut? Gibt es Gesellschaftsphänomene, die sich zu einem Buch verarbeiten ließen? Wenn Sie nicht nur Schriftsteller aus Berufung, sondern auch von Beruf sind, sind das die relevanten Fragen, die Sie sich stellen müssen.

Wenn Ihr Werk Potenzial bietet, von vielen Menschen gelesen zu werden, sollten Sie – Verlag oder nicht – die Vermarktungsaktivitäten auf jeden Fall auch in eigener Initiative unterstützen. Ein wirksames Vermarktungspaket setzt sich aber aus mehreren Bausteinen zusammen, die im Folgenden, versehen mit wertvollen Tipps, vorgestellt werden sollen.

11.1.1 Public Relations

Wenn Sie Rezensionen in On- und Offlinemedien erzielen wollen, dann versorgen Sie die Presse mit Rezensionsexemplaren. Legen Sie sich einen Verteiler an, in dem Sie relevante Medien wie Zeitungen, Magazine, Special-Interest-Magazine oder auch Hörfunk und TV sowie konkrete Ansprechpartner und Kontaktdaten organisieren. Verfassen Sie auch eine Pressemitteilung, in der Sie Inhalt und Innovationsgehalt Ihres Buchs kompakt exzerpieren. Wenn Sie mit einem (Dienstleistungs-)Verlag arbeiten, verfügen Sie über den entscheidenden Vorteil eines professionellen Medienverteilers. Oftmals verfügen Verlage auch über wertvolle Kontakte zu Medienvertretern, die im Bedarfsfall aktiviert werden können. Dieses Netzwerk sollten Sie auf jeden Fall nutzen, da der Aufbau von Kontakten und deren Pflege oft ein langatmiger Prozess ist, für den zumindest bei einer ersten Publikation keine Zeit bleibt. Ist das Buch erst am Markt, muss es rasch gehen. Ein Buch, das schon vor zehn Jahren erschienen ist, sorgt in den Presseredaktionen für gähnende Gesichter.

Sollten Sie nicht auf die die Zusammenarbeit mit einem Verlag bauen können, müssen Sie die Medienarbeit autonom forcieren. Hier können Sie entweder auf die Expertise einer Agentur setzen. Pressearbeit ist eine Investition, die auf jeden Fall lohnend ist. Oder aber Sie bringen die Journalisten aus eigenem Antrieb auf die richtige Fährte. Folgende Möglichkeiten stehen Ihnen zu diesem Zweck zur Verfügung:

- **Pressemitteilung:** „Tue Gutes und rede darüber", lautet das Mantra erfolgreicher Medienarbeit. Ihr Buch ist mit Sicherheit etwas Gutes, weswegen Sie jetzt sprechen sollten. In der Medienarbeit ist die Presseaussendung Ihr Mitteilungsorgan. Eine professionelle Presseaussendung enthält alle wesentlichen Informationen zu Ihrem Buch, also **Titel**, **Inhalt**, **Genre**, **Seitenanzahl**, **Preis** und **Verfügbarkeit**. Orientieren Sie sich bei der Gestaltung des Texts an Ihrem Klappentext, denn es gilt, sich kurz zu halten. Journalisten haben in der Regel einen straffen Zeitplan und lesen keine langen literarischen Ergüsse, auch wenn sie noch so schön geschrieben sind. Halten Sie sich kurz. Der Umfang einer seriösen Presseaussendung sollte ein- bis einhalb Seiten nicht überschreiten. Unentbehrlich für eine erfolgreiche Presseaussendung sind **Bilder**. Stellen Sie sowohl Coverbilder als auch Autorenporträts zur Verfügung. Eine Presseaussendung ohne Bilder hat kaum Chancen auf eine Veröffentlichung. Platzieren Sie die Bilder sowohl in der Aussendung als auch im Anhang Ihrer Mail, sodass sie im Bedarfsfall sofort zur Verfügung stehen. Ein Journalist unter Zeitdruck hat selten den Spielraum, erst um Bilder zu bitten und Ihre Reaktionszeit abzuwarten. Im Zweifelsfall verwirft der Redakteur Ihren Beitrag wieder und entscheidet sich für eine Presseaussendung, die schon Bilder mit sich bringt. Ergänzen Sie in diesem Zusammenhang auch die Credits Ihrer Bilder. Auch dadurch nehmen Sie dem Redakteur Arbeit ab, was Ihre Chancen auf Veröffentlichung erhöht. Im sogenannten **Abbinder**, dem Bereich am Ende der Pressemitteilung, ist Platz für Ihre Vita oder allgemeine Angaben zu Ihrer Person. Beim Versand der Aussendung ist auch das **Timing** entscheidend. Richten Sie sie sich nach der ewigen Wiederkehr des Gleichen: Welttage, Nationalfeiertage, Feiertage, Großveranstaltungen, Events – Aktualität ist alles. Vielleicht passt Ihr Roman zum Valentinstag, oder aber Ihr Sachbuch zum Weltozeantag. Die Nachfrage nach Ihrem Thema steigt mit seiner Relevanz.

- **Rezensionsexemplare:** Zur Gestaltung eines schönen, ausgewogenen Artikels, der in die Tiefe geht, setzen sich Journalisten je nach Zeitkontingent auch gerne mit Ihrem Werk auseinander. Ein Rezensionsexemplar sollte aus diesem Grund in jeder soliden Presseaussendung automatisch mit angeboten werden. Um Kosten zu sparen, können Autoren ihr Buch auch als E-Book verschicken. Das reicht in den meisten Fällen, um einen ersten Eindruck von dem Werk zu gewinnen und Zitate aus dem Buch zu ziehen.
- **Interviews:** Entwickeln Sie eine Storyline, eine Idee für einen Beitrag über Ihr Buch, um das Interesse der Journalisten zu wecken. Ein mögliches Konzept ist ein Interview. Eine ökonomische Arbeitsweise gehört für moderne Journalisten inzwischen zum Berufsethos. Interviewangebote werden in diesem Kontext gerne aufgegriffen, weil ein großer Teil der Schreibarbeit

vom Interviewpartner selbst übernommen wird. Bieten Sie das Interview beim Versenden Ihrer Aussendung proaktiv mit an. Ein Interview bringt auch den Vorteil, dass Sie die Ideen und Inhalte Ihres Buchs ganz nach Ihren Vorstellungen zum Ausdruck bringen können und keine Verwässerung Ihrer Themen befürchten müssen.

- **PR Software:** PR Tools sind inzwischen so zahlreich wie die Journalisten, die von ihnen profitieren. Die Software reicht von Journalistendatenbanken und Pressemonitoring bis zu verschiedenen Tools für Mailing, Controlling und Reporting. Die Auswahl des richtigen Tools richtet sich auch nach dem eigenen Budget, denn Software für Public Relations ist meistens nicht ganz billig. Für den Anfang reichen Programme für die Verwaltung des Presseverteilers und den Versand. Bewährte Programme für den Massenversand von E-Mails sind **Mailchimp** (*www.mailchimp.com*) , **HubSpot** (*www.hubspot.de*) oder **RapidMail** (www.rapidmail.at). Erweiterte Programme wie etwa **Meltwater** (www.meltwater.com), **Mynewsdesk** (*www.mynewsdesk.com*) oder **Zimpel** (*www.zimpel-online.de*) bieten All-in-One-Lösungen, die eher für Professionisten von Interesse sein dürfte.

- **Kontaktpflege:** Pressearbeit ist Kommunikationsarbeit, die viel Geduld und Gespür für die Anliegen und Interessen Ihres Gegenübers bedeutet. In all Ihrem Tun sollte Ihre Frage nie lauten: „Was kann der Journalist für mich tun?", sondern: „Was kann ich für den Journalisten tun?" Unterstützen Sie die Redakteure in ihrer Arbeit, machen Sie konstruktive Vorschläge und bleiben Sie im Gespräch. In der Pressekommunikation sind Soft Skills wie Sprachgefühl und Sensibilität gefragt, die Sie als Schriftsteller zum Glück schon mitbringen.

11.1.2 Buchmessen, Lesungen und Literaturwettbewerbe

Eine Buchmesse bietet auch für angehende Autoren einen reichen Pool an Möglichkeiten. Die Schlüsselfunktion für aufstrebende Schriftsteller besteht im Netzwerken. Während der Weg über E-Mails vielfach im Leeren verläuft, eröffnet der persönliche Kontakt am Messestand eine Chance auf eine gemeinsame Zukunft. Auf den großen Buchmessen können Sie auch Kontakte mit Bloggern oder Agenten knüpfen, die Ihr Buch weiterempfehlen. Doch der Austausch mit Gleichgesinnten verschafft Ihnen ebenfalls Vorteile. In der leseaffinen Menschenmasse, die es jedes Jahr auf die großen Buchmessen in Frankfurt, Leipzig und Wien zieht, befinden sich sicher auch potenzielle Testleser für Ihre Bücher. Für einen souveränen Messeauftritt sollten Sie sich aber vorbereiten. Diese kompakte Checkliste für einen einzigartigen Messeauftritt kann Ihnen dabei helfen:

- ✓ **Visitenkarten:** Bleiben Sie in Erinnerung! Wenn ein Verlag oder ein Agent Interesse signalisiert, sollten Sie eine Visitenkarte zur Hand haben. Im Idealfall enthält sie Ihren **Namen**, das **Genre**, in dem Sie schreiben, sowie Infos zu Ihrem **Web- und Social-Media-Auftritt**. Setzen Sie auch auf ein originelles Design, mit dem Sie in Erinnerung bleiben.
- ✓ **Pläne:** Planen Sie Ihren Besuch auf der Buchmesse so gewissenhaft wie einen Plot! Die Programme der Buchmessen sind in der Regel sehr umfangreich und ein Spektakel ungeheurer Leselust. Studieren Sie die Programmbausteine zu Ihrem Nutzen. Gibt es Programmpunkte wie Signierstunden, Podiumsdiskussionen oder Bühnenvorträge und -lesungen, bei denen Sie brillieren könnten? Dann treten Sie mit den Messeorganisatoren in Kontakt und stellen Sie sich und Ihre Programmidee vor. Auch das

Rahmenprogramm der großen Buchmessen, wie etwa die „Leipzig liest" oder das „Bookfest" der Frankfurter Buchmesse, bietet Ihnen eine Bühne. Planen Sie eine Lesung im Umkreis der Buchmesse in einer Buchhandlung, einer Bar oder einem Salon und melden Sie das Event bei der jeweiligen Buchmesse an. Zusätzlich sollten Sie den Hallenplan, das Messegelände und das Gebiet um die Buchmesse schon vor Ihrem Besuch abstecken. Die Veranstaltungsflächen sind zum Teil gigantisch und werden schnell zu einem kretischen Labyrinth, wenn man sich nicht vorbereitet.

- ✓ **Textproben:** Bereiten Sie sich auf Fragen zu Ihrem Buch vor. Sie sollten in der Lage sein, den Plot kompakt vermitteln zu können. Punkten Sie mit Textproben, die Ihre stärksten Textstellen zum Ausdruck bringen, die berühren und unter die Haut gehen. Packen Sie zur Sicherheit auf eine Kopie Ihres Exposés mit ein. Man weiß nie!

Wenn Sie eine **Lesung** organisieren, sollten Sie out of the box denken. Der Autor und Apnoetaucher Christian Redl zum Beispiel hat sein Buch „Dive Deeper – Tauch durch deine Angst", das im novum Verlag erschienen ist, in einem Aquarium in Wien präsentiert. Die Buchpräsentation fand allerdings nicht vor dem, sondern in dem Haifischbecken des „Haus des Meeres" statt. Natürlich ist eine Buchpräsentation unter Wasser ein Ausnahmebeispiel, es soll aber zeigen, dass die Möglichkeiten im Prinzip unendlich sind. Ob in einem Buchladen, in einer Bar oder bei einem Picknick auf einer Waldlichtung, eine Lesung sollte immer etwas Besonderes sein.

Wichtig ist, dass Sie schon vor der Lesung Werbung für die Veranstaltung machen und sich auch ein Programm für Ihr Publikum überlegen. Sammeln Sie auf jeden Fall Praxiserfahrung bei Lesungen anderer Autoren, bevor Sie zu ihrer eigenen Literaturveranstaltung laden. Bei professionellem Eventmanagement hat Improvisation nichts verloren.

Auch **Literaturwettbewerbe** sind eine einflussreiche Werbeoption. Halten Sie aktiv Ausschau nach Ausschreibungen von Kurzgeschichten- oder Lyrikwettbewerben. Wenn Sie gewinnen, können Sie Ihren Erfolg beim Verlag Ihrer Wahl als Referenz anführen. Und wenn Ihre Arbeit nicht zu den besten Einreichungen zählt, so haben Sie zumindest die Chance auf Übung und Weiterentwicklung wahrgenommen.

11.1.3 Social-Media-Marketing

Facebook, **Instagram**, **Tiktok**, **X**, **Telegram**, **WhatsApp**, **Pinterest**, **Snapchat**, **Tumblr**, **Xing** und **LinkedIn** – jede dieser Plattformen eröffnet Ihnen einen eigenen Kommunikationskanal zu Ihrer Community. Welche Kanäle Sie bedienen und mit Content befüllen, hängt ebenso von Ihren persönlichen Präferenzen ab wie von Ihrer Zielgruppe und Ihrem Zeitkontingent. Wollen Sie jüngere Leser erreichen, so sollten Sie gezielt auf Kanäle wie Snapchat, Tiktok oder Instagram setzen. Ältere Zielgruppen hingegen sind vermehrt auf Facebook vertreten. Wenn Sie ein Special-Interest-Buch aus den Bereichen Design, Kochen, Fashion oder DIY veröffentlichen wollen, so setzen Sie auf Pinterest. Für Sach- und Expertenbücher kann der Wert von B2B-Kanälen wie Xing und LinkedIn nicht überschätzt werden.

Für effektives Social-Media-Marketing braucht es Wissen um die Eigenheiten und Funktionsmechanismen jedes einzelnen Kanals. Der Kampf um Aufmerksamkeit ist auf allen Kanälen groß. Wenn Sie sich durchsetzen wollen, müssen Sie in vielen Bereichen, von der Fotografie bis zur Textstärke, brillieren. Hier kommen Ihre Zeitressourcen ins Spiel der strategischen Überlegungen. Einige Plattformen, wie etwa Youtube und Tiktok, erfordern die Produktion von Bewegtinhalten. Und auch auf Instagram kommt man am Videoformat nicht mehr vorbei. Ein großer Teil der Vermarktungsaktivitäten von Autoren fließt also auch in die Fortbildung, die es braucht, um Videos und Bilder auf einem Niveau zu produzieren, die dem Auge schmeicheln. Das braucht zwar Zeit, Autodidakten sollten Social-Media-Aktivitäten aber auf jeden Fall in Betracht ziehen. Die Informationsfülle im Internet ist so ergiebig, dass sie ohnehin eine kostenlose Fortbildung für Anfänger ebenso wie für Fortgeschrittene erlaubt. Für die Gestaltung Ihrer Social-Media-Kanäle eröffnen sich verschiedene Gestaltungsmöglichkeiten, mit denen wir Sie an dieser Stelle inspirieren wollen.

- **Facebook:** Mehr als die Hälfte aller Facebook-Nutzer ist älter als 30. Das ist ein beträchtlicher Anteil, vergleicht man die Zahlen mit anderen Social-Media-Plattformen wie etwa Tiktok oder Snapchat. Wenn Sie Ihr Publikum in der Altersklasse jenseits der 30 vermuten, sind Sie auf Facebook richtig. Im Gegensatz zu anderen Plattformen erreicht man die Menschen auf Facebook auch noch mit reinem Bild- oder Text-Content. Videoinhalte versprechen zwar weitaus mehr Zuseher, wer hier aber keine Zeit investieren will, hat auch mit ansprechenden Bildern und Texten noch hohe Chancen. Für Autoren sind die Facebook-Gruppen ein echter Geheimtipp. In einer Gruppe, in der das Interesse für ein Genre oder ein Thema groß ist, hat Ihr Content die höchste Relevanz. Ein Buch über Yoga zum Beispiel wird in Gruppen, in denen sich Yogalehrende und -praktizierende tummeln, hohe Resonanz erfahren. Bei der Contentgestaltung sollten Sie mindestens so kreativ werden wie bei der Kreation Ihres Buchs. Grundsätzlich gilt: Entführen Sie Ihr Publikum in Ihre Welt. Erlauben Sie Einblicke in Ihren Schreibprozess oder optieren Sie sogar die Chance der Mitbestimmung. Fragen Sie Ihre Community, welcher Name für eine Hauptfigur ansprechender ist, oder bringen Sie Ihren Buchtitel zur Abstimmung. Wer nicht ganz so aufgeschlossen ist, kann Bilder, Videos oder Textausschnitte aus seinem Buch teilen, Bilder von Protagonisten vorstellen – hier hilft Ihnen sicher die künstliche Intelligenz bei der Visualisierung – oder Ausschnitte aus dem eigenen Alltag als Autor zeigen.

- **Instagram:** Die Plattform fürs Visuelle ist Instagram. Der ästhetische Anspruch an die Bild- und Videowelten von Instagram ist wesentlich höher als zum Beispiel auf Tiktok, wo es gerade der „Homemade Look" ist, der ein Video populär macht. Um Bilder und Videos zu bearbeiten, bietet die App zahlreiche Filter und Bearbeitungsmodalitäten an. Durch die Möglichkeit, die eigenen Bilder und Videos mit Musik, Filtern und Effekten zu schmücken, avancieren Autoren hier zu Regisseuren. Apps wie **Canva** (*www.canva.com*), **DesignWizard** (*www.designwizard.com*) oder **Adobe Express** (*www.adobe.com*) erschließen auch Anfängern die Kunst der Bildbearbeitung. Zielgruppen für die eigenen Bildwelten findet man auf Instagram mithilfe von Hashtags. Die #bookish Community gibt mehr als 19 Millionen Gleichgesinnten ein gemeinsames zu Hause und beweist, wie groß das Potenzial der Plattform ist. Beharrliche erreichen mit Reels, eingängigen Kurzvideos mit einer Maximallänge von 90 Sekunden, ein größeres Publikum. Reels sind sehr beliebt und können mit Vorlagen, die direkt in der App zu finden sind, sowie ein bisschen Fantasie schnell und einfach selbst erstellt werden. Die Ideen für Content sind denen von Facebook sehr ähnlich. Zurzeit sind auch statische Slideshows aus einer Serie mehrerer Bilder sehr gefragt und werden gerne gespeichert. Hier könnten Sie zum Beispiel eine Slideshow Ihrer Lieblingsszenen basteln. Wichtig ist, dass Sie auch immer Ihre Community mit einbinden. Wenn Sie zum Beispiel eine Ihrer besten Szenen mit Ihren Followern teilen, könnten Sie die Frage anschließen: „Was denkt ihr? Wie wird Estella, die Schwester meiner Hauptfigur, auf diese Situation reagieren?" Das Echo aus der Community macht nicht nur viel Spaß, sondern regt Sie vielleicht auch noch zu einer ganzen Buchserie an.

- **Tiktok:** „Bücher, die ich gerne noch einmal zum ersten Mal lesen würde" oder „Dieses Gefühl, wenn man ein Buch zu Ende gelesen hat" – unter diesen Titeln findet man auf Tiktok-Videos von wenigen Sekunden, die ein Millionenpublikum erreichen. #Booktok, jener Hashtag der Stand 2023 stolze 165 Milliarden Aufrufe zählt, ist ein Phänomen, das die Verlagsbranche hoffen lässt. Schwindende Leserzahlen und ein rückläufiger Absatz bei Büchern sorgten lange Zeit für Beklommenheit in der Buchbranche. Tiktok hält dem Kulturverdruss eine Welle des Bücherenthusiasmus entgegen, die überwältigend ist. Selbst Klassiker, wie „Jane Eyre" von Charlotte Brontë, vereinen unter dem gleichnamigen Hashtag eine gigantische Fangemeinde unter sich und setzen jedes Vorurteil gegen junge Menschen, die nicht lesen wollen, außer Kraft. Die Vielzahl an Features, die Tiktok selbst anbietet, erleichtert auch Quereinsteigern den Start in die Welt viraler Videos. Mit Apps wie **Wondershare Filmora** (www.wondershare.net) oder **Canva** (www.canva.com) können Sie Ihre Videoskills noch aufbessern. Tiktok zeigt Miniaturen aus dem Alltag, Momente, mit denen sich auch andere identifizieren können. Auf Tiktok geht es vor allem um Emotionen. Autoren, die Tiktok nutzen, sollten aus Ihrer Gedanken- und Gefühlswelt kein Geheimnis machen und zeigen, was sie bewegt. Videos wie „Dieses Gefühl, wenn du den perfekten, ersten Satz gefunden hast" oder „Meine Hauptfigur, wenn sie lange auf etwas warten muss" erlauben der Tiktok Community Einblick in Ihre Welt. Statistiken zeigen, dass auf Tiktok komödiantisches Können gefragt ist. Selbstironie und Spaß stehen an erster Stelle und haben den sympathischen Nebeneffekt, der Verbissenheit einen Dämpfer zu versetzen und sich selbst nicht immer zu ernst zu nehmen. In der Contentkreation können Sie sich einfach inspirieren lassen, von dem, was schon da ist. Der Hashtag #booktok ist ein Meer aus Ideen, wo Sie aus den Vollen schöpfen und die ansteckende Kreativität von anderen auch in Ihre eigenen Postings fließen lassen können. Tiktok ist übrigens auch eine vielversprechende Plattform, um Verlagen ins Auge zu stechen. Schon zahlreiche Talente wurden auf Tiktok aufgespürt und für ihren ausgeklügelten Content mit einem Verlagsvertrag belohnt.

- **Pinterest:** Ästheten tauchen auf Pinterest in eine kunstvolle Welt der Bilder ein. Pinterest ist eine Plattform für Personen, die den Reiz des Visuellen suchen. Das schließt Schriftsteller nicht aus, denn auch aus Büchern lassen sich Bilderwelten bauen. Als Autor können Sie auf Pinterest verschiedene Pinnwände, strukturiert nach spezifischen Themen, erstellen und dort Bilder oder auch Videos, sogenannte Pins, fixieren. Coverideen und -inspirationen, Lesezeichen, oder sogenannte Moodboards, die ein Gefühl für Ihr Buch, Ihre Figuren oder Schauplätze vermitteln sollen, sind zum Beispiel attraktive Pins für Ihre Pinnwand. Mit Pinnwänden wecken Sie das Interesse an Ihrem Buch. Darum sollten vor dem Befüllen Ihrer Pinnwände gewisse Grundbedingungen schon erfüllt sein. Das Buch, das Sie bewerben, sollte auf jeden Fall schon im Handel oder Onlinehandel indexiert sein. Auch eine Autorenwebsite mit vielen Inhalten ist eine Voraussetzung für zielführendes Pinterest-Marketing. Anders als auf anderen Plattformen zielt Pinterest auf das konkrete Kaufinteresse von Nutzern ab, es agiert also als sogenannter Point of Sale, bei dem die Nachfrage des Konsumenten auf ein konkretes Angebot trifft. Pinterest ist eine vielversprechende Verkaufstheke für Ihr Buch, wenn Sie es für sich zu nutzen wissen. Stellen Sie vor dem Start auf Pinterest aber auf jeden Fall eine digitale Infrastruktur sicher.

- **X:** Vernetzung und Markenbekanntheit sind die primären Potenziale von X, ehemals Twitter. Autoren können auf X mit Meinungsführern aus der Medien-, Buch- und Verlagsbranche in Kontakt treten und ihre Pressearbeit praktisch vom E-Mail-Server in die Welt der Tweets verlegen. Wertvolle Medienkontakte bauen Sie zum Beispiel durch Direktnachrichten auf. Mit Umfragen holen Sie ein aktuelles Meinungsbild zu Ihrem Buch ein. Großes Potenzial bieten auch Live Videos, durch die Sie Ihre Community zu öffentlichen Veranstaltungen wie etwa Lesungen mitnehmen und so Ihr Schaffen als Autor bewerben können. Der Vorteil von X ist, dass sie Tweets in Sekundenschnelle verfassen und veröffentlichen können, ohne erst viel Zeit in Bild- und Videoproduktion zu investieren. X ist zwar für Künstler interessanter, die schon eine gewisse Popularität genießen, kann aber eine Leiter zum Aufbau des eigenen Bekanntheitsgrades sein, deren Stufen Sie bei der Contentproduktion für andere Social-Media-Kanäle problemlos mitnehmen können.
- **Xing und LinkedIn:** Schreiben ist auch ein Geschäftsmodell, nicht nur für Autoren, sondern außerdem für die vielen Berufsbilder, die im Umkreis eines Buchs beschäftigt sind. Die B2B („Business to Business")-Plattformen Xing und LinkedIn verbinden jene Menschen, deren Berufsprofil von Büchern bestimmt ist. Auf Xing und LinkedIn ist eine unvergleichlich hohe Dichte an Verlegern, Lektoren, Grafikern, Illustratoren, Vermarktern, Testlesern oder auch Steuer- und Rechtsberatern vertreten, die für den Weg Ihres Schaffens von Wert sein könnten. Autoren, die Belletristik schreiben, sollten sich außer zu Vernetzungszwecken auf andere Plattformen konzentrieren. Sachbuch- und Ratgeberautoren aber, die Nischenthemen bedienen, können sich auf LinkedIn und Xing ganze Märkte erschließen. Expertenwissen findet auf diesen Portalen hohen Anklang. Auf LinkedIn etwa erfahren Kurzartikel zu Sonderthemen, die direkt in

der Anwendung erstellt werden können, hohe Resonanz. Sachbuchautoren können auf diesem Weg zum Beispiel Auszüge aus ihren Büchern mit ihrem Netzwerk teilen, um Neugierde auf ihr Buch zu wecken. Im Gegensatz zu Romanautoren müssen Sachbuch- und Ratgeberautoren mehr Zeit und Akribie in die Analyse ihrer Zielgruppen investieren. Umfragen sind eine einzige Bereicherung, wenn Sie noch nach einem Thema für Ihr nächstes Buch suchen. Hier können Sie ganz offen sein und Fragen stellen wie: „Welches Thema soll ich in meinem nächsten Buch behandeln?" Wenn Ihr Buch dann am Markt erscheint, trifft es auf ein Publikum, das schon darauf wartet.

- **Telegram & WhatsApp:** Auch Messengerdienste sind ein weites Spielfeld für Werbung, wenn man sie zu nutzen weiß. Große Unternehmen, wie verschiedene Verkehrsbetriebe, haben die Dienste längst schon für sich entdeckt. Auf Telegram und WhatsApp kommen Sie dem Bedürfnis Ihres Publikums entgegen, Verbindung mit Ihnen aufzunehmen. Die Telegramkanäle lassen sich in Gruppen, Channels oder Bots organisieren. In Gruppen können Sie mit maximal 200.000 Personen in Austausch treten. Die Kommunikation ist, anders als in Channels, zweiseitig. Wenn Sie keine Zeit für Community-Management, also die Pflege von Kommentaren und Anfragen, aufbringen können, sollten Sie einen Channel anlegen. Hier können die Mitglieder weder Antworten auf Ihre noch eigene Kommentare verfassen, weswegen die Mitgliederanzahl pro Channel auch nicht limitiert ist. Neuautoren sollten auf Gruppen setzen, um sich durch kontinuierliche Beziehungspflege ein Publikum aufzubauen. Mit steigender Popularität wächst die Herausforderung, auf jeden einzelnen Kommentar einzugehen. Prominente Autoren sind aus diesem Grund mit Channels besser beraten. Bots sind sinnvoll, wenn es Ihnen ein Bedürfnis ist, auf Telegram vertreten zu sein, Sie aber keine Zeit haben, um den Kanal zu betreuen. In diesem Fall werden Ihre Inhalte von anderen Social-Media-Kanälen automatisiert auf Telegram veröffentlicht. Die Dynamik in WhatsApp ist ähnlich, über den Dienst bietet sich zum Beispiel der Versand eines Newsletters an. Oftmals entwickeln große Gruppen auch ein Eigenleben, wo sich Mitglieder gegenseitig in ihrem Eifer inspirieren. Autoren erhalten auf diese Art und Weise unmittelbares Feedback auf ihre Arbeit, das vielleicht schon eine Anregung für das nächste Werk sein kann.

- **Snapchat:** Als visueller Messengerdienst steht Snapchat praktisch als Hybridform zwischen allen anderen. Mehr als 95 Millionen Nutzern alleine in Europa schicken sich auf Snapchat jeden Tag Nachrichten, die nach 24 Stunden wieder verschwinden. Durchschnittlich sind Snapchatuser zwischen 21 und 24 Jahre alt, wobei auch die Zielgruppe ab 25 Jahren die App allmählich für sich entdeckt. Dennoch ist Snapchat vor allem dann ein ertragreiches Unterfangen für Sie, wenn Sie als Young-Adult- oder Kinderbuchautor aktiv sind. Besonders beliebt sind auf Snapchat die sogenannten Reality Lenses, auf Augmented Reality basierende Filter, mit denen Nutzer an sich selbst neue Looks ausprobieren können. Für Neuautoren können solche Filter sehr interessant sein. Sie haben ein Fantasybuch geschrieben und die konkurrierenden Clans in Ihrem Buch verfügen über eigene Wappen? Warum nicht einen Snapchat-Filter für jedes Wappen entwerfen und Ihrer Community die Möglichkeit geben, sich mittels Filter einem von ihnen anzuschließen? Sie könnten aber auch ein Snapchat-Profil für eine Ihrer Hauptfiguren anlegen und sie damit für Ihre Leser zum Leben erwecken.
- **Youtube:** Wie ist die Idee zu Ihrem Buch entstanden? Welche ist Ihre Lieblingsfigur? Worum geht es in Ihrer Geschichte und was möchten Sie sagen? Auf Youtube geht es darum, Ihre Geschichte zu erzählen, statt sie zu schreiben – mit dem Unterschied, dass Sie

selbst im Mittelpunkt stehen und nicht Ihre Figuren. Unabhängig vom Genre finden sich auf Youtube Interessenten für wirklich jedes Themengebiet. Mehr als 500 Stunden Videomaterial laden Ambitionierte pro Minute auf Youtube hoch. Die Themen sind so zahlreich wie die Seiten eines philosophischen Grundlagenwerks. Eine von vielen Ideen ist es, einen kurzen Werbefilm zu Ihrem Buch, einen sogenannten Buchtrailer, zu erstellen. Sofern Sie nicht über professionelle Film- und Schnittkenntnisse verfügen, können Sie mit Apps wie **InShot** (*www.inshot.com*), **Magisto** (*www.magisto.com*) oder **VivaVideo** (*www.vivavideo.tv*) arbeiten. Doch auch mit Unterstützung von versierten Programmen ist der Aufwand für einen professionellen Youtube-Auftritt enorm. Eine Möglichkeit, Ihr Buch auch ohne eigenen Channel auf Youtube zu platzieren, ist die Zusammenarbeit mit Booktubern. Booktube ist eine eigene Unterkategorie auf Youtube und bezeichnet Personen, die auf ihren Channels Bücher besprechen. Booktuber veranstalten Bookcircles, Leserunden oder auch Challenges, bei denen User bestimmte Aufgaben bewältigen müssen, wie zum Beispiel: „Beschreibe dein Leben in zehn Büchern." Oder: „Lies ein Buch, dessen Titel mit dem Buchstaben W beginnt." Die meisten Booktuber präsentieren am Ende eines jeden Monats auch eine Liste ihrer gelesenen Bücher, den sogenannten „Lesemonat", oder ihre Stapel noch ungelesener Bücher. Für Autoren sind diese Formate eine einmalige Gelegenheit, ihr Buch einer größeren Community vorzustellen. Bevor Sie ein Rezensionsexemplar verschicken, sollten Sie aber unbedingt Kontakt mit dem Booktuber aufnehmen, denn Booktuber erhalten in der Regel mehr Rezensionsexemplare, als man in einem Leben lesen kann.

Die Liste dieser Social-Media-Kanäle kann keinesfalls den Anspruch erheben, vollständig zu sein. Noch nicht berücksichtigt sind etwa

Podcasts, die sich schon seit Jahren wachsender Beliebtheit erfreuen und die als Trend noch lange nicht abzuebben scheinen.

Podcasts stellen eine besonders raffinierte Form der Selbstvermarktung dar. Mit einer Onlinesendung im Audioformat können Sie Lesungen – unabhängig von Zeit und Raum – abhalten. Für die Produktion eines Podcasts müssen Sie sowohl mit der Hard- als auch mit der Software Fingerfertigkeit beweisen. Doch auch das lässt sich mit Tutorials im Internet schnell erlernen. Damit Ihre Sendung aber keine narzisstischen Züge annimmt, sollten Sie auch Inhalte abseits Ihrer eigenen Befindlichkeiten generieren. Bringen Sie Expertenwissen von Studiogästen ein oder laden Sie Ihr Publikum dazu ein, sich mit Ihnen auszutauschen. Als Fantasyautor können Sie zum Beispiel Fantasybücher anderer Autoren besprechen, über Eigenschaften und Beschaffenheit von Dracheneiern sprechen oder auch Feedback zu Ihren eigenen Büchern einholen. Fragen Sie Ihre Leser, wie Ihnen Ihre Figuren gefallen haben. Das Wissen um die Vorlieben Ihrer Leser kann zum Beispiel für einen Fortsetzungsroman ein entscheidender Vorteil sein. Und auch die Vertonung eines eigenen, episodischen Hörbuchs sollten Sie in Erwägung ziehen. Als Veröffentlichungsplattform bieten sich Spotify oder iTunes an. Auf Spotify könnten Sie auch eigene Playlists, passend zu den Kapiteln Ihres Buchs, erstellen.

Die Möglichkeiten, sich im Internet als Autor zu vermarkten, sind schier grenzenlos geworden – anders als unser Zeitbudget. Da es nicht möglich und auch nicht erstrebenswert ist, auf allen Plattformen vertreten zu sein, sollten Sie vor dem Start Ihrer Social-Media-Aktivitäten gründliche Überlegungen anstellen. Erwägen Sie genau, welche Plattform für Sie die richtige ist, und vergessen Sie nicht, sich bei all diesen Zerstreuungen aufs Wesentliche zu konzentrieren: aufs Schreiben.

11.1.4 Blogs & Influencer Marketing

Anstatt auf eine statische Autorenwebsite zu setzen, gestalten Sie doch Ihren eigenen Blog. Ein Blog erlaubt Ihnen Selbstvermarktung auf hohem Niveau. Die Plattform bietet Raum für eine Kurzbiografie, einen eigenen Webshop oder auch Beiträge zu Lesungen sowie Updates zum Buchfortschritt, wenn Sie einen Fortsetzungsroman schreiben. Ein Blog erzeugt Neugier sowohl an Ihrem Buch als auch an Ihnen als Person. Darüber hinaus sorgen Sie durch regelmäßige Beiträge auch dafür, dass Sie im Google-Ranking berücksichtigt werden. Die Beeinflussung der Google-Indexierung verlangt zwar nach Taktik und Kenntnissen im Bereich Suchmaschinenoptimierung, ist aber ein unverzichtbares Element in einer allumfassenden Marketingstrategie.

Ein spannendes Feld für Autoren ist auch **Influencer Marketing:** Die Zahl an Buchbloggern, die sich im deutschen Sprachraum etabliert haben, ist überwältigend. Längst schon sind Blogger unverzichtbare Kooperationspartner von Verlagen, Buchhändlern und Messen. Die Frankfurter Buchmesse hat mit dem Buchblogger-Award sogar einen eigenen Programmpunkt für die literarischen Influencer geschaffen. Kein Wunder, denn gebündelt erreichen die Blogger mit ihren Beiträgen gleich mehrere Millionen Menschen – ein Reichweitenpotenzial, das auch Sie für sich nutzen können. Suchen Sie im Internet nach Buchbloggern, die offen für eine Zusammenarbeit wären, und bieten Sie ihnen ein oder auch gleich mehrere Rezensionsexemplare, zum Beispiel für Gewinnspiele, an. Der Output einer Bloggerkooperation kann mitunter enorm sein.

11.1.5 Google & Amazon Marketing

SEA – Search Engine Advertising – ist unverzichtbar, wenn Sie sicherstellen wollen, dass Sie oder Ihr Buch auf den ersten Seiten des Google-Rankings berücksichtigt werden. Menschen, die auf der Suche nach einem Historienroman im Mittelalter, einem Fantasyroman mit Drachen oder einem Kochbuch mit Low-Carb-Rezepten sind, sollten, wenn Sie Entsprechendes geschrieben haben, bei Ihnen einen Treffer landen. Während der Suche auf Google ist die Kaufbereitschaft sehr hoch, weil Bedürfnis und Bedürfnisbefriedigung in Echtzeit aufeinandertreffen. Um jedoch Suchergebnisse mit Google AdWords beeinflussen zu können, braucht es Erfahrung in der Welt von Keyword Planner, Short und Long Tail Keywords, Cost-per-Click, Quality Score und Co. Damit Ihre Werbekampagnen nicht zu teuer werden – immerhin bezahlen Sie für jeden Klick, den eine Anzeige generiert –, müssen Sie also unbedingt Vorkenntnisse auf diesem Gebiet mitbringen. Auch hier lautet die Empfehlung: Lesen und lernen. Alternativ bieten auch Agenturen oder ausgewählte Dienstleistungsverlage die Erstellung von Google AdWords mit an. Berücksichtigen Sie auch, dass die Konkurrenzfähigkeit Ihrer Ad-Kampagne sicher höher ist, wenn Sie mit Ihrem Buch ein Nischenthema bedienen. Über Drachen und Zwerge wurde wahrscheinlich schon mehr geschrieben als über die richtige Ernährung bei Endometriose. Je weniger Werbeanzeigen auf einen Begriff oder eine Suchphrase geschaltet werden, desto billiger wird Ihre Anzeige – weil die Wettbewerbsfähigkeit größer ist. Diese Überlegung sollten Sie als Sachbuchautor übrigens schon bei der Themenwahl berücksichtigen. Recherchieren Sie vorab, ob schon Bücher zu Ihrem individuellen Themengebiet geschrieben wurden. Das bedeutet nicht, dass Sie Ihre Idee verwerfen sollen. Wurden schon viele Werke ähnlichen Inhalts geschrieben, so haben Sie jetzt noch die Chance, Ihr Thema zu spezifizieren.

Welcher Ausschnitt der Themenwelt wurde bislang noch vernachlässigt? Eine gewissenhafte Konkurrenzanalyse am Anfang erhöht Ihre Chancen am Buchmarkt um ein Vielfaches.

Ebenfalls eine Wissenschaft für sich ist **Amazon**. Im größten Buchladen der Welt schaffen Rankings, Charts und Bestsellerlisten, die im Stundentakt aktualisiert werden, Orientierung für Leser. Das Bestseller-Ranking ergibt sich unter anderem aus Verkaufs- und Verleihvorgängen, die über Amazon abgewickelt werden. In die Rankings nach Beliebtheit fließt vom Kaufpreis bis zur Dynamik eine Vielzahl an Variablen ein, die für eine Chance auf eine Platzierung berücksichtigt werden müssen. Für die Beeinflussung des Amazon-Algorithmus braucht es viel Geduld und Expertenwissen. Für den Anfang sollten Sie sich aber ohnehin auf den Auf- und Ausbau Ihrer Leserschaft konzentrieren. Bitten Sie die ersten Leser auf jeden Fall um eine Rezension auf Amazon. Das kann ein erster großer Schritt sein, um das organische Wachstum Ihrer Community anzuregen.

Die Möglichkeiten, das eigene Buch zu bewerben, sind schier unbegrenzt. Doch welchen Weg Sie auch wählen, der Schlüssel zum Erfolg ist immer Kommunikation. Erzählen Sie so vielen Menschen wie möglich von Ihrem Schaffen. Falsche Bescheidenheit bringt Sie als Schriftsteller nicht weiter. Erstellen Sie einen Marketingplan und gehen Sie strategisch vor. Und vor allem: Geben Sie nicht auf. Halten Sie es wie Edison, der sagte: *„Erfolg hat nur der, der etwas tut, während er auf den Erfolg wartet."*

11.1. Autorentipp von Christian Redl

Christian Redl ist mehrfacher Weltrekordhalter im Apnoetauchen. Seit seiner Kindheit ist er mit dem Element Wasser stark verbunden. Seit 14 Jahren zählt er zu den erfolgreichsten Profi- und Extremsportlern der Welt. Er überzeugt durch seinen großen Erfahrungsschatz im Bereich Risiko-Management, Motivation und Teamführung aufgrund seiner Leistungen im Spitzensport, aber auch durch seine langjährige Tätigkeit als Investmentbanker in der Finanzbranche. Der charismatische Trainer ist als Autor, Mentaltrainer und Keynote Speaker gefragter Gast in den Medien. Er motiviert auf höchstem Niveau und bietet praxisnahe, leicht umsetzbare Tipps für alle Teilnehmer. Seine Auftritte bei renommierten Unternehmen und Kongressveranstaltungen haben europaweit bereits weit über 25.000 Menschen begeistert. Bei seinen Vorträgen steckt er die Teilnehmer nicht nur mit seiner authentischen und unterhaltsamen Art, sondern auch mit seiner Begeisterung an.

Herr Redl, Sie sind Mental Coach, Extremsportler und mehrfacher Weltrekordhalter. Warum haben Sie sich dazu entschieden, auch noch ein Buch zu schreiben?

Als Mental Coach und Keynote Speaker versuche ich, so viele Menschen wie möglich mit meinen Inputs zu erreichen – ein Buch erreicht einfach mehr Menschen als ein Workshop oder Vortrag. Es war mir wichtig, die Erfahrung, die ich bei meinen Weltrekordversuchen gemacht habe, mit der Welt zu teilen. Als ich bemerkt habe, dass Angst eine Sache ist, welche die Menschen zunehmend beherrscht, war der Entschluss gefasst, mein Buch über dieses Thema zu schreiben.

Welche Ziele verfolgen Sie mit Ihrem Buch?

Ich möchte den Menschen helfen, noch glücklicher und entspannter zu werden. Gerade Angst ist für viele ein großes Problem, das bei der Verwirklichung eigener Träume einschränkt und hemmt. Zusätzlich möchte ich mit meinem Buch auch meine Karriere als Keynote Speaker vorantreiben, um noch mehr Menschen den Weg aus der Angstfalle aufzeigen zu können.

»Dive Deeper – Tauch durch deine Angst«, erschienen im novum Verlag, ist ein Ratgeber, der von Blockaden und Ängsten befreien soll. Welchen Ängsten sind Sie als Neuautor im Schreibprozess begegnet?

Ich bin eigentlich ein ganz schlechter Schreiber. Ich habe viele Ideen und Geschichten zu erzählen, doch ich bringe sie nur schwer zu Papier. Das gesprochene Wort liegt mir mehr als das geschriebene. Insofern hatte ich großen Respekt vor dem Ausmaß des Projekts. Ich habe das Problem so gelöst wie beim Tauchen unter Eis: Ich habe mein Ziel in Teilziele zerlegt. Sich vorzustellen, 90 Meter unter einer 25 cm dicken Eisschicht zu tauchen, macht Angst. 25 Meter hingegen sind schon weniger einschüchternd. Also habe ich meine Komfortzone verlassen und angefangen, zu schreiben. Und als der erste Teil geschafft war, war der Weg bis zum Ziel nicht mehr weit.

Wie konnten Sie sich von ihnen befreien und wo haben Sie Hilfe gebraucht?

Mit der großartigen Hilfe vom novum Verlag und seinen Mitarbeitern konnte ich meine Bedenken vernachlässigen und mich voll und ganz auf meine Aufgabe konzentrieren. Die Zusammenarbeit war phänomenal, vom Lektorat bis hin zur kompetenten Grafik, die mein Traumcover realisiert hat. Ein ganzes Team an meiner Seite stärkte mein Selbstvertrauen und schließlich konnten wir ein tolles Buch veröffentlichen.

Sie haben sich für die Veröffentlichung Ihres Buchs für einen Dienstleistungsverlag, den novum Verlag, entschieden. Warum?

Wegen der Zusammenarbeit auf allen Ebenen: Die Idee, ein Buch zu schreiben, ist zu wenig. Man muss es auch umsetzen können und wenn man an seine eigenen Grenzen kommt, ist der Verlag da, um zu helfen. Das verschaffte mir als Autor die Möglichkeit, meinen Fokus voll und ganz auf das Schreiben zu richten, anstatt mich mit Fragen zum Layout oder zur ISBN-Nummer aufzuhalten.

Die Buchpräsentation von »Dive Deeper – Tauch durch deine Angst« fand im Haifischbecken des Haus des Meeres in Wien statt. Es war die erste Buchpräsentation unter Wasser. Wie kommt man auf so eine Idee?

Ich liebe Haie und bin ein großer Fan vom „Haus des Meeres" in Wien. Es zeigt die Tiere und auch, warum wir sie schützen müssen. Auf diese Art und Weise konnte ich bei meiner Buchpräsentation zwei Leidenschaften miteinander verbinden: die Liebe zum Meer und die Liebe zum Menschen, denen ich mit einem Erlebnisvortrag im Rahmen der Präsentation mein Buch näher bringen konnte. Durch die Unterstützung des Verlags in Sachen Vermarktung und Pressearbeit war das Event ein voller Erfolg – auch das Fernsehen war da, um die erste Buchpräsentation unter Wasser auszustrahlen.

Welche Vermarktungstipps können Sie anderen Autoren geben, die ein Buch schreiben wollen?

Wichtig ist es, seine Community zu motivieren, Kanäle wie Facebook, Instagram oder LinkedIn zu bespielen. Ein Buch ist in den seltensten Fällen ein Selbstläufer und positive Stimmen von außen verstärken den Werbeeffekt. Darüber hinaus kann ich Neuautoren auch den Besuch von Buchmessen nur ans Herz legen.

Wie nutzten Sie Social Media für Ihre Buchvermarktung?

Es ist sehr wichtig, ständig zu posten, zu verlinken und auf das Buch aufmerksam zu machen. Dabei sollte man auch die Gesetzmäßigkeiten jedes Kanals beachten. LinkedIn zum Beispiel nutze ich sehr gerne, um mich als Mentalcoach und Autor zu positionieren. Mein Buch unterstreicht mein Expertenwissen in diesem Bereich. Auf Instagram und Facebook setze ich immer wieder kreative Aktionen, wie etwa Gewinnspiele zu Weihnachten. Auf Youtube arbeite ich gerne mit Influencer*innen zusammen, die meinem Buch eine Stimme geben. Man kann seiner Community nicht oft genug sagen, wie wertvoll es ist, dieses Buch zu lesen.

Wie unterstützt Sie Ihr Buch in der Selbstvermarktung als Trainer und Mental Coach?

Es ist die Eintrittskarte in die Glaubwürdigkeit. Mein Buch eröffnet mir neue potenzielle Kunden. Bei potenziellen Auftraggebern schicke ich mein Buch mittlerweile automatisch mit dem Angebot mit, weil es zu meiner stärksten Werbebotschaft geworden ist.

Welchen Praxistipp möchten Sie Neuautoren an dieser Stelle mit auf den Weg geben?

Aller Anfang ist schwer, doch mit den richtigen Partnern an der Seite wird es nach dem ersten Schritt einfacher. Einfach die Komfortzone verlassen und sich überraschen lassen, was alles passiert.

11.2 Praxistipp von Christian Redl

Praxistipp von Mental Coach und Autor Christian Redl. Mit dieser Übung trainieren Sie Ihre Kreativität:

Der 5-Minuten-Trick

Der 5-Minuten-Trick benötigt nicht viel Zeit und ist sehr wirksam, wenn man seinen inneren Schweinehund überwinden möchte!

Sie wollen zum Beispiel gerne mit dem regelmäßigen Schreiben beginnen, können sich aber nicht dazu aufraffen und daher verschieben Sie es immer wieder auf den nächsten Tag? Fangen Sie mit dem einfachen Plan an, genau 5 Minuten zu schreiben. Noch während Sie schreiben, überlegen Sie sich, ob Sie vielleicht doch noch ein wenig länger schreiben könnten. Vielleicht noch weitere fünf Minuten, noch eine kurze Szene oder doch ein ganzes Kapitel?

Sie werden sehen, dass Sie noch ein kleines Stück weiterschreiben werden. Und da Sie eigentlich nur 5 Minuten geplant hatten, stellt sich bei Ihnen ein viel besseres Gefühl ein, weil Sie bereits mehr als ursprünglich geplant geschrieben haben. Und wenn Sie erst einmal begonnen haben, diese Übung zu machen, und Sie sie ein paar Mal wiederholt haben, werden Sie diese nicht mehr anwenden müssen. Es ist immer nur der Anfang schwer, die erste Überwindung! Dann läuft es von selbst und Sie werden Spaß daran finden.

VERLAGSWAHL

> „Unsere Hauptaufgabe ist nicht zu sehen, was unscharf in der Ferne liegt, sondern zu tun, was unmittelbar vor uns liegt."
>
> Thomas Carlyle

Es ist vollbracht. Ihr Werk ist vollendet und Sie wollen es der Öffentlichkeit präsentieren. Sie haben viel Zeit, Geist und Kreativität in Ihre Arbeit investiert. Nun braucht es noch einen Verlag, der diese Leistung auch anerkennt. An diesem Punkt wollen wir eines vorwegnehmen: Bleiben Sie dran. Auch wenn viele Autorenwebsites und -ratgeber pessimistische Szenarien zeichnen, ist die Chance auf einen Verlagsvertrag nicht unrealistisch. Wichtig ist, dass Sie den für sich richtigen Verlag wählen und die Eigeninteressen beider Parteien aufeinander abgestimmt sind. Wenn Manuskripte abgelehnt werden, ist das keinesfalls allein auf mangelnde Qualität zurückzuführen. Oftmals scheitert es auch am Genre oder an der Zielgruppe des Buchs, die nicht zu dem verlegerischen Portfolio passt.

Bevor Sie Ihr Manuskript also einem Verlag zukommen lassen, informieren Sie sich genau über dessen Philosophie, Programm und Zielsetzung. Lektoren sind viel beschäftigte Menschen, die sich Tag für Tag einer außerordentlich verantwortungsvollen Aufgabe annehmen. Nehmen Sie Rücksicht auf deren beengtes Zeitkontingent und schicken Sie nur dann Ihr Manuskript, wenn Sie von dessen Mehrwert für den Verlag überzeugt sind.

Welche Bücher ein Verlag in sein Programm mit aufnimmt, erschließt sich aus dem Onlineauftritt der großen und kleineren Verlagshäuser. Studieren Sie deren Bücher, Autoren, Stil und Unique Selling Points im Detail, bevor Sie Ihr Manuskript einsenden. Das zeugt nicht nur von Professionalität, sondern wird Sie auch vor Enttäuschungen bewahren, die ohnehin absehbar waren. Nicht jeder Verlag verlegt Fantasybücher. Auch wird es wenig Sinn machen, ein Sachbuch über Kräuterkunde an ein Verlagshaus zu schicken, das sich auf Krimis spezialisiert hat. Und auch die Formvorschriften wollen beachtet sein, wenn Sie eine Textprobe weiterleiten. Wird um ein Exposé im Umfang von maximal drei Seiten gebeten, dann verspielen Sie mit einem dreißigseitigen Exzerpt sinnlos Ihre Chancen.

Berücksichtigen Sie aber auch Ihre eigenen Wünsche und Bedürfnisse. Individualität ist sicher ein Kriterium, das für die Verlagswahl entscheidend ist. Viele Verlage, vor allem größere Verlagshäuser, haben klare Vorstellungen, was Sprachstil, Grafikdesign, Covergestaltung, Vermarktungsideen und Vertrieb betrifft. Wenn Sie also eine klare Vorstellung davon haben, wie Ihr Cover oder Layout aussehen soll, sind Sie mit einem kleineren Verlag oder Dienstleistungsverlag sicher besser beraten als mit einem kommerziellen Riesen. Uneingeschränkte Selbstverwirklichung bietet sicher auch der Weg des Self-Publishings. Gleichzeitig wird es ohne Verlag im Hintergrund aber schwierig werden, Ihr Buch in den Buchhandel zu bringen.

Vielleicht verfolgen Sie aber keine ökonomischen Ziele mit Ihrem Buch. Wenn es nur darum geht, sich einen Traum zu erfüllen oder mit einer Veröffentlichung Ihren Expertenstatus zu erhöhen, ist es nicht notwendig, den größtmöglichen Verlag für sich zu gewinnen. In diesem Fall kann auch ein Dienstleistungsverlag eine komfortable Alternative sein.

Bevor Sie die Verlagsinteressen mit Ihren eigenen abgleichen, sollten Sie sich folgende Fragen stellen:

- Welches Genre bediene ich mit meinem Buch?
- Welche Zielgruppe spreche ich an?
- Welche Ziele verfolge ich mit meinem Buch?
- Wie wichtig ist mir Individualität?
- Welche Fähigkeiten bringe ich selbst schon mit?
- Will ich die Rechte an meinem Werk überhaupt an einen Verlag abtreten?
- Will ich mein Buch nur online oder auch offline verlegen?

Im nächsten Schritt gleichen Sie die Antworten aus dem Fragenkatalog mit den individuellen Vor- und Nachteilen der verschiedenen Verlagsarten ab:

BUCHVERLAG (VERLAGSGRUPPE)

Der Publikumsverlag ist ein Buchverlag, der je nach Verlagsausrichtung das gesamte Literaturgenre abbildet und verlegt und das unternehmerische Risiko alleinig trägt.

Vorteile:

- ✓ **Kosten:** Alle Kosten, einschließlich Vorbereitungs-, Satz-, Druck- und Bindekosten sowie Werbe- und Vertriebskosten, werden vom Verlag getragen.
- ✓ **Distribution:** Die Position des Verlags am Buchmarkt sowie seine Kontakte und Absatzverträge sichern den Vertrieb des Buchs am gesamten Buchmarkt, insbesondere im Buchhandel.
- ✓ **Profession:** Der Verlag bietet dem Autor alle Unterstützung, die er für das Gelingen seines Werks benötigt. Lektoren und Korrektoren prüfen präzise Inhalt, Orthographie und Gramma-

tik des Buchs. Die Cover- und Layoutgestaltung wird von erfahrenen Grafikern abgewickelt.
- ✓ **Vermarktung:** Die Bekanntheit des Verlags und sein Werbevolumen erlauben Vermarktungsaktivitäten auf allen Kommunikationskanälen.
- ✓ **Fairness:** Die Leistung der Autoren wird in Honoraren und Tantiemen nach Normverträgen abgegolten.

Nachteile:

- ✓ **Individualität:** Große Verlagshäuser agieren nach strengen Richtlinien und Unternehmensvorgaben, die einen einheitlichen Marktauftritt garantieren. Das schränkt das Mitspracherecht des Autors und seine Chance auf individuelle Entfaltung ein.
- ✓ **Einstiegsbarriere:** Für Neuautoren ist die Chance auf Veröffentlichung gering, wenn auch nicht unmöglich.

BUCHVERLAG (KLEINVERLAG)

Kleinverlage, auch Independent-Verlage genannt, agieren unabhängig von Großkonzernen. Sie streben nicht ausschließlich nach Gewinnmaximierung, sondern verfolgen daneben auch noch ein der Kunst dienendes Ziel. Auch hier werden alle Kosten übernommen, der finanzielle Spielraum ist allerdings begrenzt.

- ✓ **Kosten:** Alle Kosten, einschließlich Vorbereitungs-, Satz-, Druck- und Bindekosten sowie Werbe- und Vertriebskosten, werden vom Verlag getragen.
- ✓ **Profession:** Der Verlag stellt dem Autor ein überschaubares Team zur Unterstützung zur Verfügung. Lektoren und Korrektoren prüfen Inhalt, Orthographie und Grammatik des Buchs.

Die Cover- und Layoutgestaltung wird von erfahrenen Grafikern abgewickelt.
- ✓ **Einstiegsbarriere:** Für Neuautoren ist die Chance auf Veröffentlichung deutlich größer als bei Verlagen aus großen Verlagsgruppen. Doch auch hier kann mitunter Geduld gefordert sein.
- ✓ **Individualität:** Independent-Verlage legen gleichermaßen Wert auf ökonomisches wie auch auf künstlerisches Potenzial. Infolgedessen beweisen Kleinverlage mehr Aufgeschlossenheit gegenüber individuellen bis progressiven Ideen.
- ✓ **Fairness:** Die Leistung der Autoren wird in Honoraren und Tantiemen nach Normverträgen abgegolten.

Nachteile:

- ✓ **Distribution:** Finanzielle und personelle Defizite erschweren den Vertrieb. Im Buchhandel sind Bücher kleiner Verlage selten vertreten. Online beweisen sich die Independent-Verlage aber durch innovative Zugänge.
- ✓ **Vermarktung:** Das Werbebudget und -netzwerk ist überschaubar, der Autor muss auch selbst aktiv werden.

DIENSTLEISTUNGSVERLAG

Dienstleistungsverlage sind Buchverlage, die eine beträchtliche Bandbreite an Genres bedienen, das wirtschaftliche Risiko aber nicht alleine tragen. Die Produktionskosten werden vom Autor übernommen, im Gegenzug stellt der Verlag alle Dienstleistungen der Produktionskette zur Verfügung.

Vorteile:

- ✓ **Distribution:** Ein breites Vertriebsnetzwerk und Absatzverträge ermöglichen die Distribution des Buchs am Buchmarkt und im Buchhandel. Die Konkurrenz großer Verlage kann die Distribution allerdings erschweren.
- ✓ **Profession:** Der Verlag bietet dem Autor alle Unterstützung, die er für das Gelingen seines Werks benötigt. Lektoren und Korrektoren prüfen präzise Inhalt, Orthographie und Grammatik des Buchs. Die Cover- und Layoutgestaltung wird von erfahrenen Grafikern abgewickelt. Außerdem können Zusatzleistungen wie das Aufsetzen von Autorenwebsites, Google-AdWords-Kampagnen oder Unterstützung bei der Organisation von Lesungen oder von Gastauftritten auf Buchmessen gebucht werden.
- ✓ **Vermarktung:** Die ökonomische Sicherheit des Verlags erlaubt Vermarktungsaktivitäten auf allen Kommunikationskanälen.
- ✓ **Individualität:** Der Autor bezahlt für die Leistung und hat uneingeschränktes Mitspracherecht bei der inhaltlichen, formalen und optischen Gestaltung des Buchs.
- ✓ **Fairness:** Der Autor weiß, was er bekommt. Die Erlöse aus dem Buchverkauf werden nach Normverträgen und in Form von Tantiemen geregelt.
- ✓ **Einstiegsbarriere:** Für Neuautoren ist die Chance auf Veröffentlichung sehr groß, weil sie dazu bereit sind, das wirtschaftliche Risiko selbst zu übernehmen.

Nachteile:

- ✓ **Kosten:** In der Regel werden alle Kosten, einschließlich Vorbereitungs-, Satz-, Druck- und Bindekosten sowie Werbe- und Vertriebskosten, vom Autor getragen. Es gibt auch Dienstleistungsverlage, welche für die Druckkosten selbst aufkommen und somit einen Teil des Risikos übernehmen. Bei guten Dienstleistern erhalten Sie bei der Veröffentlichung eines weiteren Buchs außerdem einen Verlagsautoren-Rabatt.

SELF-PUBLISHING

Beim Self-Publishing beschreitet der Autor den Weg autonom und ohne Verlag. Der Druck bzw. die Produktion des E-Books sowie der Verkauf werden über diverse Anbieter im Internet abgewickelt. Die Bücher werden erst bei Kauf gedruckt, wodurch den Onlineportalen weder Druck- noch Lagerungskosten entstehen.

Vorteile:

- ✓ **Individualität:** Der Autor hat die alleinige Entscheidungsmacht und kann all seine Ideen uneingeschränkt verwirklichen.
- ✓ **Fairness:** Die Gewinnbeteiligung ist höher als bei klassischen Verlagen.
- ✓ **Einstiegsbarriere:** Es gibt keine Einstiegsbarriere.

Nachteile:

- ✓ **Kosten:** Alle Kosten werden vom Autor übernommen. So müssen sowohl Lektorat als auch Korrektorat, Layout, Covergestaltung, Kauf einer ISBN-Nummer, Vertrieb- und Marketingkosten etc. vom Autor übernommen werden.
- ✓ **Profession:** Die Onlineplattformen, die als Partner agieren, stellen keine oder nur wenige Dienstleistungen zur Verfügung. Holt man sich keine externe Hilfe, so drohen Schwächen in Stil, Inhalt, Rechtschreibung und Grammatik.

- ✓ **Vermarktung:** Für die Vermarktung ist alleine der Autor verantwortlich.
- ✓ **Distribution:** Self-Publisher finden sich sehr selten im Buchhandel oder in Bibliotheken wieder. In den letzten Jahren ist die Offenheit der Branche Self-Publishern gegenüber aber gewachsen.

Die Vor- und Nachteile der verschiedenen Verlagsarten sind abzuwägen, bevor man ein Modell für sich in Betracht zieht. Eines ist jedoch festzuhalten: Wer sein Buch verlegen will, kann sein Buch auch verlegen. Lassen Sie sich von den hohen Einstiegshürden nicht unterkriegen und betrachten Sie sie als Teil des Prozesses.

NACHWORT

13

Wenn Sie dieses Buch zu Ende gelesen haben, werden Sie vor allem eines haben: einen Plan. Schreiben ist ein kreativer Akt, keine Frage. Doch erst das Zusammenspiel von Fakt und Fiktion ermöglicht es Ihnen, eine Geschichte zu entwickeln, in die man sich gerne zurückzieht – sowohl als Autor als auch als Leser. Sie werden schnell feststellen, dass die Techniken, die Sie in diesem Buch in die Hand bekommen haben, das Schreiben bereichern, nicht beschränken. Erst wenn Sie gelernt haben, den Pinsel zu führen, können Sie das Bild so malen, wie Sie es im Kopf haben.

Nun gibt es keinen Grund mehr, nicht zu schreiben. Jetzt, da Sie wissen, warum Sie schreiben sollten, wollen wir Ihnen noch folgende Botschaft mit auf den Weg geben: Glauben Sie an sich und genießen Sie den Prozess. Setzen Sie sich nicht unter Druck und vergessen Sie nie, was Sie zum Schreiben motiviert: die Leidenschaft. Denn in all dem Bestreben und unermüdlichen Bemühen, ein besserer Schriftsteller zu sein, wird manchmal das Wesentlichste vergessen: Bücher sind Ausflüchte aus dem Ernst der Realität. Nicht nur für den Leser – sondern auch für den Schriftsteller.

Wir wünschen Ihnen viel Freude am Schreiben.

Lassen Sie Ihrer Tastatur freien Lauf

Literaturverzeichnis

Brande, D. (2009). *Schriftsteller werden. Der Klassiker über das Schreiben und die Entwicklung zum Schriftsteller.* (3. Auflage).
Berlin: Autorenhaus Verlag GmbH.

Cameron, J. (2009). *Der Weg des Künstlers. Ein spiritueller Pfad zur Aktivierung unserer Kreativität.*
München: Knaur MensSana TB.

Clark, R. P. (2018). *Die 50 Werkzeuge für gutes Schreiben* (10. Auflage).
Berlin: Autorenhaus Verlag GmbH.

Egri, L. (2018). *Literarisches Schreiben. Starke Figuren entwickeln. Originelle Ideen finden. Die Handlung vorantreiben.*
Berlin: Autorenhaus Verlag.

Englert, S. (2013). *So lektorieren Sie Ihre Texte. Verbessern durch Überarbeiten.*
Berlin: Autorenhaus Verlag.

Harjung, J. D. (2000). *Lexikon der Sprachkunst: die rhetorischen Stilformen. Mit über 1000 Beispielen.*
München: C.H. Beck'sche Verlagsbuchhandlung.

Knut, D. (2016). *Gute Geschichten schreiben* (2. Auflage).
Düsseldorf: Edition Oberkassel.

Kutzmutz, O. & Porombka, S. (Hrsg.). (2007). *Erst lesen. Dann schreiben. 22 Autoren und ihre Lehrmeister.* (2. Auflage).
München: Luchterhand Literaturverlag.

Murakami, H. (2018). *Von Beruf Schriftsteller. Essays.* (1. Auflage).
München: Verlagsgruppe Random House GmbH.

Schumann, O. (2004). *Schreibkunst. Handbuch für Schriftsteller, Redakteure und angehende Autoren.*
Bindlach: Gondrom Verlag GmbH.

Zweig, S. (2015). *Die Welt von Gestern* (4. Auflage).
Frankfurt am Main: S. Fischer Verlag.

Der Verlag

> *Wer aufhört*
> *besser zu werden,*
> *hat aufgehört*
> *gut zu sein!*

Basierend auf diesem Motto ist es dem novum Verlag ein Anliegen neue Manuskripte aufzuspüren, zu veröffentlichen und deren Autoren langfristig zu fördern. Mittlerweile gilt der 1997 gegründete und mehrfach prämierte Verlag als Spezialist für Neuautoren in Deutschland, Österreich und der Schweiz.

Für jedes neue Manuskript wird innerhalb weniger Wochen eine kostenfreie, unverbindliche Lektorats-Prüfung erstellt.

Weitere Informationen zum Verlag und
seinen Büchern finden Sie im Internet unter:

www.novumverlag.com

Bewerten Sie dieses Buch auf unserer Homepage!

www.novumverlag.com

Fordern Sie jetzt unsere kostenlosen Informationen für Neuautoren an oder senden Sie ihr fertiges Manuskript zur Prüfung ein!

Weitere Informationen finden Sie auf unsere Webseite unter

www.novumverlag.com

Raum für eigene Gedanken